Hermenêutica
das Relações de Trabalho

Renato Rua de Almeida
COORDENADOR

Adriana Jardim Alexandre Supioni
ORGANIZADORA

Hermenêutica das Relações de Trabalho

LTr

EDITORA LTDA.
© Todos os direitos reservados

Rua Jaguaribe, 571
CEP 01224-003
São Paulo, SP – Brasil
Fone (11) 2167-1101
www.ltr.com.br
Janeiro, 2018

Versão impressa: LTr 5900.9 — ISBN: 978-85-361-9445-5
Versão digital: LTr 9297.6 — ISBN: 978-85-361-9525-4

Dados Internacionais de Catalogação na Publicação (CIP)
(Câmara Brasileira do Livro, SP, Brasil)

Hermenêutica das relações de trabalho / Renato Rua de Almeida, coordenador; Adriana Jardim Alexandre Supioni, organizadora. -- São Paulo : LTr, 2018.

Vários autores.
Bibliografia

1. Direito do trabalho 2. Direito do trabalho - Brasil 3. Hermenêutica (Direito) 4. Relações de trabalho I. Almeida, Renato Rua de II. Supioni, Adriana Jardim Alexandre.

17-09874
CDU-34:331

Índice para catálogo sistemático:
1. Relações de trabalho :
Direito do trabalho 34:331

SUMÁRIO

APRESENTAÇÃO 7
    Renato Rua de Almeida

APLICAÇÃO DAS TEORIAS DA EFICÁCIA DOS DIREITOS FUNDAMENTAIS E DO DIÁLOGO DAS FONTES ATRAVÉS DAS CLÁUSULAS GERAIS NAS RELAÇÕES DE TRABALHO .. 9
    Renato Rua de Almeida

A RESPONSABILIDADE DO TOMADOR DE SERVIÇOS POR DÉBITOS TRABALHISTAS ACIDENTÁRIOS À LUZ DA TEORIA DO DIÁLOGO DAS FONTES 11
    Fausto Siqueira Gaia

O EQUILÍBRIO ECONÔMICO DO CONTRATO DE TRABALHO NA PERSPECTIVA DO DIREITO CIVIL CONSTITUCIONALIZADO 23
    Adriana Jardim Alexandre Supioni

OS DIREITOS TRABALHISTAS NAS CONSTITUIÇÕES BRASILEIRAS 31
    Camila Miranda de Moraes

O DEVER DE MOTIVAÇÃO NA DESPEDIDA À LUZ DO DEVIDO PROCESSO LEGAL 43
    Silvia Isabelle Ribeiro Teixeira do Vale

POSSIBILIDADES E LIMITES NA NEGOCIAÇÃO COLETIVA, DIANTE DAS ALTERAÇÕES DA CONSOLIDAÇÃO DAS LEIS DO TRABALHO 57
    Maria Ivone Fortunato Laraia

DOS DIREITOS FUNDAMENTAIS DO IDOSO E SUA INCLUSÃO NO MERCADO DE TRABALHO 67
    Adriana Galvão Moura Abílio

DIREITO DE GREVE E O SERVIÇO PÚBLICO 77
    Marcelo Azevedo Chamone

Apresentação

Na condição de professor do Núcleo de Pesquisa em Direito do Trabalho do Programa de Pós-Graduação *stricto sensu* em Direito da Faculdade de Direito da Pontifícia Universidade Católica de São Paulo, ofereci, no primeiro semestre de 2017, a disciplina intitulada "Hermenêutica das relações de trabalho à luz das cláusulas gerais e dos conceitos legais indeterminados do direito civil constitucionalizado. Uma experiência da teoria do diálogo das fontes", que foi cursada pelos alunos doutorandos como parte dos créditos a serem cumpridos para a obtenção do título de doutorado.

Para a conclusão desses créditos da disciplina, os alunos doutorandos fizeram pesquisas e exposições em classe sobre o conteúdo da matéria em discussão, que resultaram na elaboração de textos aproveitados para o projeto do presente livro.

A linha dos estudos que compõem a presente obra tem como escopo a busca de uma nova hermenêutica das relações de trabalho como resultado da síntese entre os métodos da eficácia horizontal dos direitos fundamentais e da teoria do diálogo das fontes.

Em última análise, trata-se de uma visão pós-positivista como alternativa a uma visão positivista do direito, que tem na lei e no contrato suas fontes por excelência.

O mérito dessa visão pós-positivista do direito é a busca constante do justo objetivo nas relações de trabalho, diferentemente da visão rígida do positivismo jurídico, que transforma a lei e o contrato em verdadeiros fetiches, sem a preocupação com a justiça comutativa.

Portanto, os textos elaborados pelos doutorandos da Faculdade de Direito da Pontifícia Universidade Católica de São Paulo, que compõem a presente obra, certamente servirão como contribuição para a discussão doutrinária de uma nova hermenêutica das relações de trabalho.

RENATO RUA DE ALMEIDA
Advogado trabalhista em São Paulo, professor da Faculdade de Direito da
Pontifícia Universidade Católica de São Paulo e doutor em direito pela
Faculdade de Direito da Universidade de Paris I (Panthéon-Sorbonne).

Aplicação das Teorias da Eficácia dos Direitos Fundamentais e do Diálogo das Fontes através das Cláusulas Gerais nas Relações de Trabalho

RENATO RUA DE ALMEIDA
Advogado trabalhista, doutor em direito pela Faculdade de Direito da
Universidade de Paris I (Panthéon-Sorbonne) e professor da Faculdade de Direito
da Pontifícia Universidade Católica de São Paulo.

Numa visão pós-positivista do direito, desenvolveram-se estudos sobre a aplicação dos direitos fundamentais nas relações de trabalho (cf. *Direitos fundamentais aplicados ao direito do trabalho,* obra coletiva sendo coordenador Renato Rua de Almeida e organizadoras Adriana Calvo e Andrea Presas Rocha, LTr. Editora Ltda., junho de 2010, e *Direitos fundamentais aplicados ao direito do trabalho II,* obra coletiva sendo Renato Rua de Almeida coordenador e Cristina Paranhos Olmos organizadora, LTr. Editora Ltda., abril de 2012), bem como desenvolveram-se estudos sobre a aplicação da teoria do diálogo das fontes nas relações de trabalho (cf. *Aplicação da teoria do diálogo das fontes no direito do trabalho,* obra coletiva sendo Renato Rua de Almeida coordenador e Adriana Calvo assistente de coordenação, LTr. Editora Ltda., junho de 2015).

Pelos estudos desenvolvidos sobre a teoria dos direitos fundamentais, ficou claro que os direitos fundamentais são direitos humanos constitucionalizados como princípios normativos com aplicação imediata (art. 5º, § 1º, da CF/1988), vinculando entidades públicas (eficácia vertical) e entidades particulares (eficácia horizontal).

Daí o entendimento de que os direitos fundamentais são mandamentos de otimização para sua máxima efetividade no ordenamento jurídico (cf. *Teoria dos Direitos Fundamentais,* Robert Alexis, Malheiros Editores, 2008).

Em razão da sua dimensão objetiva, os direitos fundamentais irradiam-se sobre todo o ordenamento jurídico infraconstitucional, resultando, por exemplo, na constitucionalização do direito civil (Código Civil de 2002) e seus reflexos nas relações de trabalho.

Já pelos estudos sobre a teoria do diálogo das fontes, também ficou claro que se trata de um novo método de interpretação e aplicação das leis, pelo qual, em vez da identificação do conflito entre normas jurídicas, busca-se a sua coordenação, por exemplo, entre as normas contratuais do direito civil constitucionalizado e aquelas do direito do trabalho tendo em vista a eficácia horizontal dos direitos fundamentais (cf. *Do conflito à coordenação de normas do direito brasileiro,* obra coletiva sob a coordenação de Cláudia Lima Marques, Revista dos Tribunais, 2012).

A síntese desses estudos revelou uma nova hermenêutica do direito do trabalho.

Essa nova hermenêutica do direito do trabalho dá-se principalmente pela aplicação das cláusulas gerais do direito civil constitucionalizado nas relações de trabalho.

As cláusulas gerais do direito civil constitucionalizado são os novos princípios do contrato, a saber: boa-fé objetiva, função social e equilíbrio econômico (cf. *Teoria do contrato. Novos paradigmas*, Teresa Negreiros, Renovar, 2006).

Essas cláusulas gerais são positivadas no Código Civil de 2002, pelos arts. 422 (boa-fé objetiva), 421 (função social), e, na hipótese do equilíbrio econômico dos contratos, pelo instituto da lesão (art. 157) e pelo instituto da resolução por onerosidade excessiva (arts. 478, 479 e 480).

As cláusulas gerais são formulações contidas na lei, de caráter genérico e abstrato, dirigidas ao juiz, possuindo função instrumentalizadora para dar mobilidade ao sistema jurídico, com eficácia de norma de ordem pública (art. 2.035, parágrafo único do Código Civil) (cf. *Contratos no Código Civil*, Nelson Nery Junior, *in* O novo Código Civil, LTr. Editora Ltda., 2006).

Exemplos de aplicação das cláusulas gerais nas relações de trabalho são encontrados, no que se refere à boa-fé objetiva e seus deveres anexos, na hipótese de restrição ao exercício de direitos subjetivos (art. 187 do Código Civil), resultante da teoria de atos próprios, na figura do *venire contra factum proprium*, quando se identifica contradição no exercício do poder de direção pelo empregador, implicando ilicitude por abuso de direito e resultando direito do empregado à reparação indenizatória (cf. *A incidência da boa-fé objetiva e do venire contra factum proprium nas relações de trabalho*, Valton Doria Pessoa, Editora *Jus*Podivm, Salvador, 2016).

Em relação à função social do contrato, na hipótese, por exemplo, do reconhecimento da estabilidade provisória da gestante admitida mediante contrato por tempo determinado (cf. *A função social do contrato e a nova redação do item III, da Súmula n. 244, a inserção do item III, da Súmula n. 378, e a edição das Súmulas ns. 440 e 443, do TST*, Renato Rua de Almeida, "*in*" Suplemento Trabalhista da LTr., 173/13, 2013, ano 49, p. 741-743).

Por fim, em relação ao equilíbrio econômico do contrato, exemplifica-se com a hipótese da releitura do parágrafo único do art. 456, da Consolidação das Leis do Trabalho, no sentido de que, havendo acúmulo de funções, mesmo sem cláusula contratual expressa, o empregado fará jus a uma compensação financeira, em atendimento ao direito fundamental previsto pelo art. 7º, inciso V, do texto constitucional brasileiro, uma vez que o piso salarial é proporcional à extensão e à complexidade do trabalho, sob pena de enriquecimento sem causa do empregador (art. 884 do Código Civil) (cf. *A possibilidade de revisão judicial do salário do empregado quando houver violação à comutatividade de trabalho: uma análise à luz dos direitos fundamentais e da nova principiologia contratual*, dissertação de mestrado de Renato Sabino de Carvalho Filho, apresentada em 2012, na Faculdade de Direito da Pontifícia Universidade Católica de São Paulo, e do mesmo autor *O acúmulo de funções e o direito ao aumento salarial* "*in*" Estudos Aprofundados-Magistratura do Trabalho, Editora *Jus*Podivm, Salvador, 2013, e, ainda acórdão da 2ª Turma do TST no processo n. TST-RR-226-41.2014.5.03.0178).

A contraprestavidade salarial é devida nessa hipótese de acúmulo de funções em decorrência da aplicação da cláusula geral do equilíbrio econômico na figura do instituto da lesão (cf. *Equilíbrio econômico entre os contratantes – O instituto da lesão nos contratos de trabalho*, Carlos Augusto de Oliveira Monteiro, Revista LTr., agosto de 2014, p. 985-990).

Em conclusão, pois, os estudos da síntese das teorias da eficácia dos direitos fundamentais e do diálogo das fontes, por meio das cláusulas gerais aplicadas às relações de trabalho, constituem uma nova hermenêutica do direito do trabalho.

A Responsabilidade do Tomador de Serviços por Débitos Trabalhistas Acidentários à Luz da Teoria do Diálogo das Fontes

FAUSTO SIQUEIRA GAIA
Doutorando em Direito do Trabalho pela Pontifícia Universidade Católica de São Paulo – PUC-SP. Mestre em Direitos e Garantias Fundamentais pela Faculdade de Direito de Vitória – FDV. Professor visitante do Curso de Pós-Graduação *Lato Sensu* em Direito e Processo do Trabalho da Faculdade de Direito de Vitória. Juiz do Trabalho Substituto do Tribunal Regional do Trabalho da 17ª Região (ES).
Email: faustogaia@yahoo.com.br.

1. INTRODUÇÃO

A economia em escala global vem realizando inúmeras modificações nas relações de trabalho, especialmente no que diz respeito à contratação de mão-de-obra e nas relações entre fornecedores de serviços e seus contratantes[1]. A busca da ampliação de mercados consumidores, de competitividade concorrencial, da redução de custos envolvidos, e, consequentemente, da ampliação dos lucros, vem exigindo das empresas a sua reorganização operacional, inclusive na relação havida entre os detentores dos meios de produção e os trabalhadores.

A transferência a terceiros de parte das atividades empresariais, também denominada terceirização de serviços, é uma das medidas utilizadas por grandes conglomerados econômicos para a redução dos custos envolvidos na produção. A cessão parcial do processo produtivo e dos riscos envolvidos a terceiros, estando estes organizados ou não sob a forma de pessoas jurídicas, representa meio empregado para se eximir da responsabilidade da contratação dos trabalhadores envolvidos.

O pano de fundo que cerca a terceirização de serviços é o discurso da otimização da produção, ampliando a escala de negócios, com a redução dos riscos envolvidos em seus processos. O direito à proteção ao trabalho com dignidade, assegurado na Carta Constitucional de 1988, demanda do tomador de serviços terceirizados a exigência de fiscalização das condições em que o trabalho é desenvolvido, pois é indiretamente beneficiado pela produção da força de trabalho.

Em um modelo clássico de organização de trabalho, típico do paradigma[2] liberal, as partes do processo produtivo de trabalho são representados por três elementos

---

[1] BAUMAN, Zygmunt. *Globalização*: as consequências humanas. Tradução de Marcus Penchel. Rio de Janeiro: Zahar, 1999. p. 8.
[2] O termo paradigma é tomado no presente trabalho em conformidade com o conceito apresentado por KUHN, Thomas S. *A estrutura das revoluções científicas*. Tradução de Beatriz Vianna Boeira e Nelson Boeira. São Paulo: Perspectiva, 1994. Na citada obra, paradigmas são definidos como "realizações científicas universalmente reconhecidas que, durante algum tempo, fornecem problemas e soluções modelares para uma comunidade de praticantes de uma ciência".

integrantes e autônomos descritos na doutrina marxiana: a força de trabalho, as matérias-primas e os meios de produção[3]. No estágio do liberalismo clássico, estes dois últimos elementos pertencem ao produtor capitalista, ao passo que a única mercadoria do trabalhador é a sua força de trabalho[4].

O momento hodierno do liberalismo econômico sofre uma inflexão nessa tríade de elementos do processo de produção, não em seus elementos integrantes em si, mas sobretudo em relação a seus detentores e, especialmente, na relação da força de trabalho com o seu verdadeiro beneficiário.

A preocupação com a manutenção da saúde e da segurança dos trabalhadores envolvidos na prestação de serviços terceirizados, deve alcançar não apenas o empregador formal, com o qual o empregado mantém relação jurídica subordinada, mas, sobretudo, do tomador de serviços, já que, em última análise, é o beneficiário da força de trabalho envolvida na produção de bens e serviços.

No âmbito das relações trabalhistas, a fiscalização do tomador de serviços na prestação de serviços terceirizados amplia o espectro de alcance, abrangendo tanto as verbas trabalhistas devidas pelo empregador formal quanto a questões relativas à matéria de segurança e de medicina do trabalho.

O vácuo ou a insuficiência no processo de fiscalização em matéria de segurança e medicina do trabalho representa a própria negação da eficácia social ou efetividade do direito fundamental à manutenção da higidez do meio ambiente de trabalho[5], muitas vezes justificado na preocupação do tomador de serviços em afastar qualquer discussão acerca da formação de vínculo de emprego com o tomador de serviços.

Diante da necessidade de ampliação do aspecto fiscalizatório, de modo a assegurar a proteção da saúde dos trabalhadores envolvidos na prestação de serviços, mesmo diante de situações jurídicas envolvendo processos de terceirização lícita, ou seja, terceirização envolvendo as atividades-meio do tomador de serviços, necessária se faz a investigação acerca dos limites da responsabilidade civil do tomador de serviços, quando o empregado terceirizado sofre acidente de trabalho ou adquire doença ocupacional.

A teoria do diálogo das fontes, desenvolvida pelo professor da Universidade de Heidelberg Erik Jayme[6], aparece nesse cenário como novel teoria que permite compatibilizar textos de normas jurídicas, em aparente conflito, quando envolvida a proteção de hipossuficientes em determinadas relações jurídica, como é o caso do empregado em uma relação de emprego, do consumidor em sua relação com o prestador de serviços ou fornecedor de bens e serviços, e até mesmo do contribuinte em sua relação com o Poder Público titular do crédito tributário.

De um lado, o modelo liberal, fundado na liberdade contratual e no princípio de direito civil da *pacta sunt servanda*, reconhece apenas a responsabilidade civil direta do empregador em matéria de acidente de trabalho, como regra geral em termos de reparação de danos sofridos por trabalhadores em infortúnios ocorridos durante a relação de emprego, negando a possibilidade de responsabilização do tomador de serviços.

Em antítese na dialética material, o paradigma do Estado social de direito consagra a proteção do trabalho, estabelecendo normas de garantia ao trabalhador terceirizado, superando os limites do contrato civil firmado com o empregador direto e ampliando a responsabilidade do tomador de serviços, ainda que de forma residual ou subsidiária, em verdadeira negação da própria negação liberal[7].

O modelo da pós-modernidade[8], fundado na centralidade da Constituição e de seus princípios fundantes, na proteção integral do trabalho com dignidade, e na integração dialogada do direito material do trabalho a outras fontes do direito, como o direito civil, permite investigar em síntese dialética a possibilidade de se reconhecer a possibilidade de responsabilização solidária do tomador de serviços em infortúnios do trabalho, ainda que não haja previsão contratual assegurando essa possibilidade.

O presente artigo científico buscará resposta ao seguinte problema de investigação científica: é possível

---

(3) CAFIERO, Carlo. *Compêndio de O Capital*. Tradução de Ricardo Rodrigues. São Paulo: Hunterbooks, 2014. p. 31.

(4) MARX, Karl. *O capital*. Tradução de Rubens Enderle. São Paulo: Boitempo, 2013. p. 117.

(5) GAIA, Fausto Siqueira. *Tutela inibitória de ofício e a proteção do meio ambiente do trabalho*: limites e possibilidades da atuação jurisdicional. São Paulo: LTr, 2015. p. 128.

(6) JAYME, Erik. Identité culturelle et intégration: le droit internacionale privé postmoderne. *Recueil des Cours de l'Académie de Droit Internacional de la Haye*, Paris, tomo 251, 1995. p. 60.

(7) THALHEIMER, August. *Introdução ao materialismo dialético*. Tradução de Moniz Bandeira. São Paulo: Ciências Humanas, 1979. p. 92.

(8) NIGRO, Rachel. A virada linguístico-pragmática e o pós-positivismo. *Revista Direito, Estado e Sociedade*, Rio de Janeiro, n. 34, p. 170-211, jan./jun. 2009.

reconhecer, no cenário do pós-positivismo jurídico e a partir da teoria do diálogo das fontes, a possibilidade de responsabilização e de condenação solidária do tomador de serviços em casos de acidentes de trabalho sofridos ou em doenças ocupacionais adquiridas pelos trabalhadores envolvidos na terceirização de serviços?

Para responder à indagação, abordar-se-á, no primeiro momento, a teoria do diálogo das fontes e as suas múltiplas formas de apresentação, em um cenário do pós-positivismo jurídico, como o diálogo sistemáticos da coerência, o diálogo da complementariedade e do diálogo das influências recíprocas sistemáticas, como instrumento de solução hodierna aos conflitos aparentes de normas[9].

Apresentadas as formas de diálogos das fontes de direito material do trabalho e do direito civil, serão analisadas as formas de responsabilidade civil do tomador de serviços, em acidentes de trabalho envolvendo trabalhadores terceirizados, tanto no Código Civil quanto nas normas internacionais de proteção ao trabalho.

Por fim, será investigada, a partir da aplicação da teoria do diálogo das fontes, a possibilidade de reconhecer a responsabilização solidária dos tomadores de serviços, em situações envolvendo acidentes de trabalho ou situações a estes equiparadas, como as doenças ocupacionais, sofridos por trabalhadores terceirizados e a atual posição jurisprudencial do Tribunal Superior do Trabalho sobre o tema.

2. A APLICAÇÃO DA TEORIA DO DIÁLOGO DAS FONTES AO DIREITO DO TRABALHO

2.1. O diálogo das fontes como teoria de hermenêutica no pós-positivismo jurídico

O pós-positivismo jurídico representa a superação do positivismo jurídico clássico, quando compreendido a partir da necessidade de conceber a interpretação do direito de forma vinculada à realidade fática. A atividade de valoração da realidade fática no cenário do positivismo jurídico precede à própria edição do texto normativo, manifestando-se com maior vigor durante a fase legislativa.

A dissociação dos campos do "ser" e do "dever ser", característico do juspositivismo em seus primórdios, importa para o intérprete autêntico[10] uma limitação na tarefa da aplicação do direito diante do caso concreto. A compreensão do fenômeno jurídico desvinculado da realidade fática constitui contradição em seus próprios termos, seja pelo fato de que o direito é uma ciência social aplicada, que, por sua vez, depende dos fatos da vida para a sua concretização, seja também pelo fato de que a própria evolução destes fatos sociais exige do aplicador do direito maior liberdade de atuação, diante da potencialidade do engessamento gerar a injustiça da decisão.

A compreensão do fenômeno jurídico vinculado à realidade fática passou por vários estágios. Em um primeiro momento, no cenário do liberalismo jurídico, o papel do aplicador do direito cingia-se a dizer o conteúdo do texto de lei e aplicá-lo ao caso concreto. A norma jurídica era a representação do próprio texto legislativo.

Hans Kelsen, em um momento posterior, reviu o alcance da atividade interpretativa realizada pelos intérpretes autênticos. A compreensão de que o texto da norma constitui, em sua literalidade, a única possibilidade de interpretação diante do caso concreto é superada, para permitir múltiplas possibilidades interpretativas dentro da moldura normativa. Nessa fase kelseniana, "o resultado de uma interpretação jurídica somente pode ser a fixação da moldura que representa o Direito a interpretar e, consequentemente, o conhecimento das várias possibilidades que dentro desta moldura existem"[11].

A tarefa da aplicação do direito posto ao caso concreto, nesse segundo estágio do positivismo jurídico, permitiu ao operador do direito a realização de interpretações possíveis dentro da moldura legislada. Essa possibilidade interpretativa colocou em xeque a própria segurança jurídica, princípio basilar do positivismo jurídico clássico, diante da ampliação da discricionariedade judicial.

Como já destacado em trabalho anterior, acerca da ampliação da discricionariedade judicial, ponderamos que "qualquer decisão tomada pelo intérprete autêntico dentro ou mesmo fora da moldura, sendo que esta última admitida na última fase kelseniana, era admitida como legítima e justa, já que os critérios de aferição desses elementos eram meramente formais"[12].

---

(9) MARQUES, Cláudia Lima. Superação das antinomias pelo diálogo das fontes: o modelo brasileiro de coexistência entre o Código de Defesa do Consumidor e o Código Civil de 2002. *Revista da ESMESE*, Aracaju, n. 7, p. 45-46, 2004.

(10) KELSEN, Hans. *Teoria pura do direito*. Tradução de João Baptista Machado. 6. ed. São Paulo: Martins Fontes, 1998. p. 394.

(11) KELSEN, Hans. *Teoria pura do direito*. Tradução de João Baptista Machado. 6. ed. São Paulo: Martins Fontes, 1998. p. 394.

(12) GAIA, Fausto Siqueira. *Tutela inibitória de ofício e a proteção do meio ambiente do trabalho*: limites e possibilidades da atuação jurisdicional. São Paulo: LTr, 2015. p. 46.

No paradigma do Estado democrático de direito, a atividade de aplicação do direito ao caso concreto passou a demandar do intérprete autêntico o diálogo entre as fontes normativas, ampliando, sobretudo, o papel dos princípios constitucionais como verdadeiras normas jurídicas. Os princípios constitucionais assumem nesse novo cenário o papel de normas jurídicas, exigindo do operador jurídico uma leitura moral do direito positivado[13].

O pós-positivismo jurídico ou neoconstitucionalismo é representado, nesse novo paradigma hermenêutico, pela centralidade da Constituição e de suas normas e princípios, que passam a adquirir a mesma força normativa, e é caracterizado pela abertura valorativa do sistema jurídico.

A inclusão da Constituição Federal como centro normativo de princípios e regras constitucionais, e a compreensão de que o intérprete autêntico cria a norma jurídica no caso concreto[14], constituem as premissas do pós-positivismo jurídico, marcado pela aproximação da realidade fática com o direito positivado.

A centralidade da Constituição no sistema hermenêutico do pós-positivismo jurídico erigiu os princípios constitucionais à categoria de verdadeiras normas jurídicas. Em razão da sua elevada carga axiológica e do seu papel na efetividade dos direitos e das garantias fundamentais e metaindividuais dos trabalhadores, os princípios assumiram não apenas o papel de normas supletivas em situações de lacunas normativas do sistema jurídico, mas também passaram a funcionar como vetores interpretativos a serem observados pelos legisladores e pelos intérpretes autênticos, além de servir como fonte normativa de aplicação direta perante o caso concreto.

Os direitos dos trabalhadores positivados na Constituição, sejam eles classificados como específicos ou inespecíficos[15], são considerados como direitos fundamentais e, como tais, devem possuir um sistema protetivo de modo a assegurar a sua máxima eficácia social ou efetividade. A efetividade dos direitos fundamentais trabalhistas é alcançada tanto pelo diálogo do direito do trabalho com a Constituição Federal, em razão do princípio protetivo positivado no art. 7º, bem como com outras fontes do direito, como o direito civil e o internacional do trabalho.

Sobre o fenômeno da constitucionalização do direito civil, Maria Celina Bodin de Moraes[16] assevera que, passadas mais de duas décadas da promulgação do texto constitucional, não se pode negar as influências das normas constitucionais nas relações privadas, ainda que estas tenham como pressuposto hermenêutico a igualdade formal entre os seus sujeitos.

No âmbito das relações de emprego, como espécie do gênero relação privada, por maior razão se faz a influência das regras, princípios e valores constitucionais na sua regulação. O direito do trabalho, em razão de sua base constitucional, faz com que suas regras assumam a natureza jurídica de direito fundamental metaindividual, que tem como peculiaridade a aplicação direta em relações jurídicas, onde um dos sujeitos está em posição jurídica inferior ao contratante.

A condição de hipossuficiência do trabalhador na relação de emprego, no cenário do pós-positivismo jurídico, exige do intérprete autêntico uma leitura valorativa das normas constitucionais, inclusive com a possibilidade de aplicação direta dos direitos fundamentais no âmbito das relações privadas.

Associada ao fenômeno da constitucionalização do direito do trabalho e com ela complementar, foi desenvolvida pelo professor da Universidade de Heidelberg Erik Jayme a teoria do diálogo das fontes como novel método hermenêutico destinado a solucionar de forma coordenada os conflitos de lei no tempo[17]. De antemão, tem-se que a teoria do diálogo das fontes não tem como objetivo superar os tradicionais métodos interpretativos de

---

(13) BARROSO, Luís Roberto. Neoconstitucionalismo e constitucionalização do direito. *Boletim de direito administrativo*, São Paulo, ano 23, n. 1, p. 22, jan. 2007.

(14) MÜLLER, Friedrich. *O novo paradigma do direito*: introdução à teoria e metódica estruturantes do direito. Tradução de Peter Naumann. 3. ed. São Paulo: Revista dos Tribunais, 2013. p. 99.

(15) Segundo Renato Rua de Almeida, os direitos fundamentais dos trabalhadores podem ser classificados em direitos específicos, ou seja, direitos de segunda dimensão e catalogados nos arts. 7º, 8º e 9º da Constituição da República, e os direitos inespecíficos, direitos de primeira geração ou dimensão, exercidos pelos trabalhadores que demandam o dever de abstenção por parte do Estado ou de terceiros, como são os direitos à imagem, à honra, à liberdade religiosa, dentre outros. Nesse sentido, conferir em ALMEIDA, Renato Rua de. Os direitos laborais inespecíficos dos trabalhadores. In: ALMEIDA, Renato Rua de (Org.); SOBRAL, Jeana Silva; SUPIONI JUNIOR, Claudimir (Coords.). *Direitos laborais inespecíficos*: os direitos gerais de cidadania na relação de trabalho. São Paulo: LTr, 2012. p. 10-11.

(16) MORAES, Maria Celina Bodin de. A constitucionalização do direito civil e seus efeitos sobre a responsabilidade civil. *Direito, Estado e Sociedade*, v. 9, n. 29, p. 233, jul./dez. 2006.

(17) JAYME, Erik. Identité culturelle et intégration: le droit internacionale privé postmoderne. *Recueil des Cours de l'Académie de Droit Internacional de la Haye*, Paris, tomo 251, p. 60, 1995.

solução de antinomias, como o método cronológico, método da especialidade e o método hierárquico, mas sim de servir como metodologia hermenêutica complementar.

A teoria do diálogo das fontes tem campo fecundo de aplicação nas relações de emprego, onde um dos sujeitos da relação, em regra, encontra-se em situação de vulnerabilidade econômica. A compreensão de unidade do ordenamento jurídico integrada com princípios específicos do direito material do trabalho, como o princípio da aplicação da norma mais favorável, faz com que a teoria do diálogo das fontes funcione como instrumento de efetividade de direitos metaindividuais trabalhistas, como é o caso do direito fundamental à proteção da segurança e da medicina do trabalho.

Cláudia Lima Marques[18] assevera que a teoria do diálogo das fontes "é uma tentativa de expressar a necessidade de uma aplicação coerente das leis de direito privado, coexistentes no sistema", assegurando àqueles que ostentam hipossuficiência uma maior rede de proteção aos seus interesses.

Especificamente, no âmbito do direito do trabalho, a teoria do diálogo das fontes assume demasiada importância, uma vez que a compreensão unitária do ordenamento jurídico, no paradigma do pós-positivismo jurídico, pode permitir, em matéria de segurança e de medicina do trabalho, objeto de nosso estudo, a ampliação da rede de proteção ao trabalhador.

A teoria do diálogo das fontes e suas formas de manifestação serão apresentadas na seção subsequente do nosso trabalho.

2.2. As manifestações dialógicas da teoria do diálogo das fontes

A teoria do diálogo das fontes permite a compreensão coordenada de normas do ordenamento jurídico, com o objetivo de solucionar os conflitos de lei. No âmbito do direito do trabalho, a CLT, no parágrafo único do art. 8º, expressamente consigna que o direito comum funcionará como fonte supletiva e subsidiária às normas trabalhistas, naquilo que não lhe for incompatível com suas regras e princípios.

O legislador consolidado abriu espaço para que o intérprete autêntico venha a se utilizar de normas do próprio direito civil e de outros ramos do direito público e privado diante da existência de lacunas no sistema trabalhista. As lacunas, capazes de ensejar a aplicação do direito comum, não são apenas as normativas, ou seja, aquelas em que inexiste norma jurídica apta a regular a situação jurídica posta, mas também situações de lacunas axiológicas e ontológicas[19], onde, respectivamente, existem normas jurídicas, mas estas geram soluções injustas quando aplicadas ao caso concreto, ou são desatualizadas.

A teoria do diálogo das fontes é apresentada como método interpretativo que tem como propósito, no cenário do neoconstitucionalismo, assegurar a efetividade de direitos fundamentais metaindividuais dos trabalhadores e, consequentemente, a sua dignidade, superando a desigualdade econômica dos atores da relação de trabalho de modo a alcançar a igualdade jurídica.

A teoria do diálogo das fontes pode se manifestar por meio de três meios de diálogos entre as fontes do direito, segundo Cláudia Lima Marques[20]: o diálogo da coerência, o diálogo sistemático da complementariedade ou da subsidiariedade e o diálogo das influências recíprocas sistemáticas.

O diálogo da coerência pressupõe a coexistência de duas normas jurídicas, onde uma delas serve como base para a outra norma jurídica de caráter específico e cujo campo de aplicação é delimitado a determinado grupo ou categoria. É a situação característica envolvendo as normas gerais e as normas especiais, onde estas têm como base normativa uma norma geral que visa regular um sem número de relações jurídicas.

De modo a ilustrar a aplicação prática do diálogo da coerência, apresentam-se os princípios gerais do direito civil da boa-fé objetiva e do equilíbrio dos contratantes, e que são aplicáveis também em relações jurídicas específicas, como são os casos dos contratos de trabalho, dos contratos das relações consumeristas, entre outros. Ainda que não haja norma jurídica que trate, especificamente, da aplicação desses princípios ao contrato de

---

(18) BENJAMIN, Antonio Herman V.; MARQUES, Cláudia Lima; BESSA, Leonardo Roscoe. *Manual de Direito do Consumidor*. 7. ed. São Paulo: Revista dos Tribunais, 2016. p. 141.

(19) Sobre as lacunas jurídicas, Carlos Henrique Bezerra Leite considera a existência de três espécies de lacunas: as lacunas normativas são aquelas em que inexistem normas jurídicas sobre determinado caso, as lacunas ontológicas são aquelas em que há norma jurídica aplicável ao caso, mas ela sofre um processo de envelhecimento em razão do decurso do tempo entre a edição da norma e o momento da aplicação ao caso concreto e as lacunas axiológicas são aquelas existentes quando há norma jurídica, mas ela se revela injusta na aplicação no caso posto. Nesse sentido, conferir em LEITE, Carlos Henrique Bezerra. As lacunas do direito do trabalho e a necessidade de heterointegração (diálogo das fontes) com o direito civil. In: ALMEIDA, Renato Rua de (Coord.).; CALVO, Adriana (assistente de coordenação). *Aplicação da teoria do diálogo das fontes no direito do trabalho*. São Paulo: LTr, 2015. p. 49.

(20) BENJAMIN, Antônio Herman V.; MARQUES, Cláudia Lima; BESSA, Leonardo Roscoe. *Manual de Direito do Consumidor*. 7. ed. São Paulo: Revista dos Tribunais, 2016. p. 143-144.

trabalho, não se pode negar a aplicação desse meio de diálogo das fontes para permitir ao operador do direito a sua aplicação, como é o caso do desequilíbrio contratual decorrente do acúmulo de funções.

Outra forma de revelação do diálogo das fontes, dá-se por meio do diálogo sistemático da complementariedade ou da subsidiariedade. É pressuposto para a aplicação desse meio de diálogo o reconhecimento de que o ordenamento jurídico deve ser compreendido como um todo unitário. Por meio da aplicação dessa manifestação do diálogo das fontes, permite-se ao intérprete autêntico, diante da existência de uma lacuna normativa, ontológica ou mesmo axiológica, que se valha da aplicação de outra fonte do direito para complementar a aplicação do direito ao caso concreto.

Some-se a essas formas de manifestação da teoria do diálogo das fontes, uma terceira forma de diálogo: o diálogo das influências recíprocas sistemáticas. A aplicação desse método de diálogo é fundado na existência de influências recíprocas entre dois ou mais sistemas, tanto do geral no especial quanto no especial no geral, em via de mão-dupla.

A condição de hipossuficiente do trabalhador na relação de emprego e a necessidade de assegurar a máxima efetividade do princípio constitucional da proteção demandam do operador do direito a apropriação de regras e princípios de outros ramos do direito, como é o caso do direito civil, quando se objetiva a busca de uma solução justa para o caso concreto.

A aplicação da teoria do diálogo das fontes, nesse cenário, mostra a sua grande serventia na solução de conflitos de normas, diante do vácuo na legislação especial da responsabilidade do tomador de serviços em situações envolvendo acidente de trabalho e doenças ocupacionais sofridos pelos trabalhadores terceirizados, conforme será analisado nas próximas etapas desse trabalho.

3. TERCEIRIZAÇÃO DE SERVIÇOS E ACIDENTE DE TRABALHO

3.1. A responsabilidade civil contratual nas terceirizações de serviços

A terceirização de serviços, em uma economia globalizada, representa para os detentores dos meios de produção a possibilidade de incremento da atividade lucrativa, mediante a transferência para terceiros de parte do processo produtivo. A economia em escala global e a busca de competitividade nos mercados consumidores exigem a redução dos custos envolvidos na produção, ainda que importe na precarização das condições em que o trabalho é desenvolvido.

Nesse cenário macroeconômico, a terceirização de serviços é uma das medidas adotadas pelas empresas para redução do custo de produção, transferindo para terceiros uma parcela da execução dos serviços, ainda que ligados diretamente à sua atividade-fim.

Em razão da delimitação do objeto de estudo, que objetiva avaliar os limites da responsabilidade civil do tomador de serviços em questões relativas a acidentes de trabalho e doenças ocupacionais de trabalhadores terceirizados, não se fará no presente trabalho a diferenciação entre as formas de terceirização e a análise dos seus limites de legalidade quanto à terceirização de atividades-meio e atividades-fim.

A terceirização de serviços, no magistério de Carlos Henrique Bezerra Leite, é conceituada como sendo "um procedimento adotado por uma empresa que, no intuito de reduzir os seus custos, aumentar a sua lucratividade e, em consequência, sua competitividade no mercado, contrata outra empresa que, possuindo pessoal próprio, passará a prestar aqueles serviços"[21].

A terceirização na economia globalizada tem como pano de fundo a transferência de parte do risco do negócio a terceiros, que passa a ser responsável direto pela contratação, pelo pagamento e pela gestão da mão-de-obra envolvida no processo produtivo.

Acerca da responsabilidade sobre os aspectos remuneratórios envolvidos na terceirização de serviços, o Tribunal Superior do Trabalho já consolidou entendimento no sentido de atribuir a responsabilidade residual ou subsidiária do tomador de serviços por eventuais inadimplementos no cumprimento de obrigações do contrato de trabalho por parte do empregador real[22].

O fundamento da responsabilidade do tomador de serviços reside na apropriação dialogada por parte do direito do trabalho da teoria geral da responsabilidade civil prevista no Código Civil e em outros diplomas normativos. A responsabilidade civil contratual na terceirização é fundamentada tanto na culpa *in eligendo* quanto na culpa *in vigilando* do tomador de serviços em relação à empresa contratada.

---

(21) LEITE, Carlos Henrique Bezerra. Terceirização na perspectiva do direito do trabalho brasileiro. *Revista da Academia Brasileira de Direito do Trabalho*, São Paulo, ano XX, n. 20, p. 16, 2015.

(22) Nesse sentido, o Tribunal Superior do Trabalho editou a Súmula 331.

Ao transferir parte da atividade produtiva a terceiros, ainda que de forma lícita, por meio de contrato de prestação de serviços envolvendo atividades-meio, assume o tomador de serviços o dever jurídico de fiscalizar a execução do contrato, exigindo do prestador o adimplemento de obrigações típicas do contrato de trabalho, como é o caso do pagamento de parcelas trabalhistas típicas, como são as verbas resilitórias, e do próprio recolhimento das contribuições previdenciárias.

Exsurge a responsabilidade do tomador dos serviços terceirizados pela fiscalização, tanto em decorrência da escolha do prestador de serviços no momento da contratação – culpa *in eligendo* – quanto durante a execução do contrato – culpa *in vigilando*. Para tanto, de modo a evitar se incorrer em conduta omissiva decorrente de negligência, tem a obrigação *ex lege*[23] ou mesmo decorrente do contrato de prestação de serviços, o tomador, de acompanhar e fiscalizar a execução do contrato de prestação de serviços celebrado.

Os aspectos da responsabilidade civil na terceirização à luz do Código Civil, quanto à aferição do elemento "conduta do agente", serão analisados na próxima etapa do presente trabalho.

2.2. O código civil e a responsabilidade do tomador de serviços

A base normativa da responsabilidade civil no atual Código é sedimentada, como regra geral, na exigência de aferição do elemento subjetivo culpa *lato sensu* do agente causador do dano a terceiro. A opção legislativa pela priorização da responsabilidade civil subjetiva está associada a uma preocupação com o caráter individualista e patrimonialista desse ramo do direito privado.

Não se quer com isso afirmar que a responsabilidade civil objetiva, ou seja, aquela que para sua configuração independe da aferição do elemento anímico do agente causador, deixou de receber tratamento legislativo adequado. Suas hipóteses de incidência, no entanto, são restritas a determinados eventos que, por força de lei, ou decorrentes de situações que envolvam atividades de risco a terceiros[24] independem da aferição dos elementos anímicos dolo e culpa do agente causador para a sua caracterização.

A adoção da teoria da responsabilidade civil objetiva nesse cenário civilista está ligada a situações em que o risco de dano transcende a esfera individual, abrangendo a própria coletividade ou um determinado grupo, como é a situação envolvendo os trabalhadores de uma empresa terceirizada. Daí porque compreendemos que situações envolvendo a violação de direitos metaindividuais, como o direito ao meio ambiente de trabalho saudável, ou cujo risco da atividade[25] seja elevado, devem ser analisadas sob a perspectiva da responsabilidade civil objetiva.

A grande dificuldade que pode ser encontrada pelo intérprete autêntico reside em se saber quando se aplicar a teoria da responsabilidade civil objetiva e quando adotar a teoria da responsabilidade civil subjetiva, especialmente em razão da abertura que proporciona o texto da norma contida no parágrafo único do art. 927 do Código Civil.

Valendo-se dos critérios objetivos estabelecidos na Relação da Classificação Nacional de Atividades Econômicas (CNAE) da NR-4 do Ministério do Trabalho e Emprego, temos que são consideradas atividades de elevado risco à segurança do trabalhador as atividades, cujos graus de riscos estejam classificados entre 2 e 4.

Além disso, podem ser consideradas como ensejadoras da aplicação da teoria da responsabilidade civil objetiva situações que envolvam direitos metaindividuais, em razão da dimensão supraindividual que esses direitos apresentam.

Outra questão que se impõe discutir, quando se trata de saber qual teoria aplicar em sede de responsabilidade civil do tomador de serviços em terceirizações, diz respeito a sobre qual ótica deve ser investigado o risco da atividade, se sob a ótica do prestador/empregador real ou do tomador de serviços.

Em situações envolvendo a terceirização de serviços, compreendemos que a questão envolvendo a aferição do risco da atividade deve ser analisada sob a dupla ótica, tanto pelo tomador de serviços quanto pelo empregador real, em razão do princípio da proteção ao trabalhador e de sua dignidade.

Associados a esses fundamentos de ordem principiológica, a própria NR 4 do Ministério do Trabalho e Emprego dispõe no subitem 4.5 e seguintes que:

> 4.5. A empresa que contratar outra(s) para prestar serviços em estabelecimentos enquadrados no

---

(23) Sobre a obrigação legal de fiscalizar o cumprimento de obrigações trabalhistas, o art. 15, § 1º da Lei n. 8.036/1990 dispõe sobre a obrigação do tomador de serviços em fiscalizar o recolhimento fundiário dos trabalhadores envolvidos na prestação de serviços.

(24) Nesse sentido, o parágrafo único do art. 927 do Código Civil trata das situações gerais em que se adota a teoria da responsabilidade civil objetiva.

(25) Para fins de aferição do risco da atividade, optamos por adotar a tabela da Relação de Classificação Nacional de Atividades Econômicas – CNAE da NR-4 do Ministério do Trabalho e Emprego. São consideradas atividades de elevado o risco aquelas indicadas com graus de riscos 2, 3 e 4.

Quadro II, anexo, deverá estender a assistência de seus Serviços Especializados em Engenharia de Segurança e em Medicina do Trabalho aos empregados da(s) contratada(s), sempre que o número de empregados desta(s), exercendo atividade naqueles estabelecimentos, não alcançar os limites previstos no Quadro II, devendo, ainda, a contratada cumprir o disposto no subitem 4.2.5. (104.014-6/I1)

4.5.1. Quando a empresa contratante e as outras por ela contratadas não se enquadrarem no Quadro II, anexo, mas que pelo número total de empregados de ambos, no estabelecimento, atingirem os limites dispostos no referido quadro, deverá ser constituído um serviço especializado em Engenharia de Segurança e em Medicina do Trabalho comum, nos moldes do item 4.14. (104.015-4/I2)

4.5.2. Quando a empresa contratada não se enquadrar no Quadro II, anexo, mesmo considerando-se o total de empregados nos estabelecimentos, a contratante deve estender aos empregados da contratada a assistência de seus Serviços Especializados em Engenharia de Segurança e em Medicina do Trabalho, sejam estes centralizados ou por estabelecimento. (104.016-2/I1)

4.5.3 A empresa que contratar outras para prestar serviços em seu estabelecimento pode constituir SESMT comum para assistência aos empregados das contratadas, sob gestão própria, desde que previsto em Convenção ou Acordo Coletivo de Trabalho.

A autorização normativa para a extensão de utilização conjunta do SESMT (Serviço Especializado em Engenharia de Segurança e em Medicina do Trabalho) aos empregados terceirizados, associado à dimensão metaindividual do direito fundamental ao meio ambiente de trabalho saudável, permite levar a conclusão que a aferição do grau de risco da atividade, para fins de aplicação da responsabilidade civil objetiva ou subjetiva do tomador de serviços, deve ser aferida tanto em razão da atividade deste beneficiário quanto do empregador real.

3.3. As normas internacionais de proteção à segurança do trabalho e a terceirização de serviços

A ampliação da terceirização das atividades empresariais é um dos mecanismos utilizados para a maximização dos lucros e a redução dos riscos dos negócios do tomador de serviços na economia globalizada, especialmente quanto à mão-de-obra envolvida no processo produtivo.

Observada essa tendência, a Convenção n. 155 da Organização Internacional do Trabalho, promulgada pelo Brasil por meio do Decreto n. 1.254/1994, determinou aos Estados aderentes a formulação, a aplicação e o reexame periódico de uma política nacional coerente em matéria de segurança e saúde dos trabalhadores e o meio ambiente de trabalho.

Especificamente sobre a terceirização de serviços, o art. 17 da Convenção n. 155 da OIT estabelece que sempre que duas ou mais empresas desenvolverem simultaneamente atividades num mesmo local de trabalho, as mesmas terão o dever de colaborar na aplicação das medidas nela previstas, dentre elas a de fornecer os equipamentos de proteção individual aos trabalhadores envolvidos na produção, de assegurar que os maquinários e as operações sejam seguras, de adotar medidas tendentes a reduzir os riscos de acidentes e de desenvolvimento de doenças ocupacionais, entre outras medidas tendentes a garantir a higidez do meio ambiente do trabalho.

Essa disposição contida na norma internacional de proteção ao trabalho permite extrair a compreensão que, em situações de terceirização de serviços, a responsabilidade pela adoção das medidas de segurança no ambiente de trabalho não pertence exclusivamente ao empregador, mas também daquele que se beneficia da utilização da força de trabalho terceirizada.

Essas obrigações que devem ser cumpridas conjuntamente pelas empresas tomadoras de serviços e pelas fornecedoras de mão-de-obra ensejam reanalisar se os limites da responsabilidade subsidiária, firmada pela Súmula 331 do Tribunal Superior do Trabalho, alcançam as reparações por danos sofridos pelos trabalhadores terceirizados decorrentes de acidentes de trabalho ou de doença ocupacional. Tais aspectos serão analisados no próximo capítulo desse trabalho, conjuntamente com a análise jurisprudencial dominante no Tribunal Superior do Trabalho sobre o tema.

4. OS LIMITES DA RESPONSABILIDADE CIVIL DO TOMADOR DE SERVIÇOS EM ACIDENTES DE TRABALHO OU DOENÇAS OCUPACIONAIS A PARTIR DA TEORIA DO DIÁLOGO DAS FONTES

4.1. A responsabilidade do tomador de serviços em acidentes de trabalho e doenças ocupacionais: as responsabilidades subsidiária e solidária

A terceirização de serviços não deve ser vista como meio de escusa quanto ao dever de fiscalizar o prestador de serviços, inclusive quanto ao cumprimento de obrigações trabalhistas devidas aos trabalhadores.

O art. 186 do Código Civil atribui o dever de reparação de dano àquele que o causar a terceiros, por dolo ou culpa, ou seja, encampa como regra geral a teoria da responsabilidade civil subjetiva. Como já visto, a opção pela regra da responsabilidade civil subjetiva decorre do próprio caráter individualista do Código Civil, que remonta às suas origens de sociedade liberal de proteção ao patrimônio.

Os fundamentos que alicerçaram a teoria da responsabilidade civil subjetiva conduziram a construção jurisprudencial dominante no sentido de atribuir responsabilidade residual ou subsidiária ao tomador de serviços, em situações decorrentes de inadimplemento de obrigações trabalhistas por parte dos prestadores de serviços.

A caracterização da responsabilidade civil subjetiva do tomador de serviços decorre da própria ausência ou insuficiência na fiscalização dos serviços contratados, quanto ao adimplemento de obrigações patrimoniais devidas aos trabalhadores terceirizados, ou mesmo em situações que caracterizam a culpa na escolha do prestador de serviços. Tratam-se, respectivamente, do reconhecimento das chamadas culpas *in vigilando* e *in eligendo* ou *in contrahendo*[26].

A culpa *in vigilando* é normalmente configurada pela postura omissiva do tomador de serviços na tarefa de fiscalizar as obrigações de cunho trabalhista. A própria legislação trabalhista, a exemplo do que dispõe o art. 15, § 1º da Lei n. 8.036/1990, atribuiu a responsabilidade do tomador de serviços na fiscalização mês a mês do recolhimento fundiário dos trabalhadores terceirizados.

Além da conduta negligente na fiscalização dos contratos de trabalhos por parte do tomador de serviços, há também a possibilidade de configurar a responsabilidade civil do tomador de serviços, sem que se fale em violação do princípio da legalidade ante a regra geral contida no art. 186 do Código Civil, se restar caracterizada a escolha de prestador de serviços inidôneos ou notoriamente inaptos à execução do contrato.

A responsabilidade do tomador, diante da conduta omissiva na fiscalização dos contratos ou mesmo em razão da má escolha do fornecedor, é tida como residual ou subsidiária, já que é obrigação do empregador real o adimplemento das verbas trabalhistas devidas a seus empregados.

Ante o caráter de proteção patrimonial do diploma civilista, tem-se como regra geral, portanto, a responsabilidade subjetiva e subsidiária do tomador de serviços, diante de inadimplementos de obrigações trabalhistas típicas por parte dos prestadores de serviços.

A questão que se coloca no presente estudo é sobre os limites da responsabilidade do tomador de serviços em eventuais acidentes de trabalho ou situações equiparáveis sofridas pelos trabalhadores terceirizados.

O dever de fiscalização por parte dos tomadores de serviços deve transcender o aspecto patrimonial envolvido na terceirização, ou seja, o adimplemento de obrigações trabalhistas típicas, em razão da força normativa dos princípios fundamentais da dignidade da pessoa humana e da proteção ao trabalhador, e da própria natureza jurídica metaindividual que assumem alguns direitos trabalhistas, como é o caso do direito à garantia ao meio ambiente de trabalho saudável.

O direito ao meio ambiente de trabalho saudável assume no Estado democrático de direito uma dimensão coletiva, que ultrapassa os muros da prestadora de serviços, alcançando também o dever da empresa tomadora em fiscalizar o adimplemento dessas obrigações não patrimoniais. A Organização Internacional do Trabalho estabeleceu na Convenção n. 155, ratificada pelo Brasil, o dever das empresas, que executam os serviços no mesmo local, de adotarem medidas tendentes a garantir a segurança e à medicina do trabalho em suas operações e equipamentos, bem como fornecer os equipamentos de proteção individual.

A obrigação conjuntiva imposta pela Convenção n. 155 da OIT, aos tomadores e aos prestadores de serviços, de garantirem a higidez do meio ambiente de trabalho e a própria natureza metaindividual do direito trabalhista envolvido, permitem estabelecer a construção hermenêutica, por meio do diálogo da complementariedade ou da subsidiariedade do direito do trabalho com o direito civil, capaz de ensejar a aplicação do disposto no parágrafo único do art. 942 do Código Civil, em situações decorrentes de responsabilidade civil decorrentes de acidentes de trabalho sofridos e de doenças ocupacionais adquiridas por trabalhadores terceirizados.

O parágrafo único do art. 942 do Código Civil reconhece a possibilidade de responsabilização solidária quando houver mais de um autor ou coautor para o dano. Havendo obrigação conjunta *ex lege* do prestador e do tomador de serviços de assegurarem um meio ambiente de trabalho saudável, por meio da adoção de medidas tendentes a reduzir os riscos ao infortúnio e ao adoecimento do trabalhador, tem-se que estes devem ser

---

(26) CASAGRANDE, Cássio. Terceirização e responsabilidade solidária: a aplicação da teoria dos contratos coligados no direito do trabalho. In: GOULART, Rodrigo Fortunato; VILLATORE, Marco Antônio (Coords.). *Responsabilidade civil nas relações de trabalho*: reflexões atuais. Homenagem ao professor José Affonso Dallegrave Neto. São Paulo. LTr, 2015. p. 54.

considerados como devedores solidários, sem benefício de ordem, em demandas reparatórias de danos sofridos por trabalhadores acidentados ou portadores de doenças ocupacionais.

Outro aspecto que merece enfrentamento, após o reconhecimento da existência de solidariedade entre o tomador e o prestador de serviços, em ações de reparações de danos decorrentes de acidente de trabalho e de doença ocupacional, diz respeito à adoção de qual teoria da responsabilidade civil a ser aplicada.

Sobre a aplicação das teorias da responsabilidade civil, como já destacamos em momento anterior desse trabalho científico, em havendo o exercício de atividades que comportam riscos elevados, conforme classificação estabelecida na NR-4 do Ministério do Trabalho e Emprego, ou então havendo violação de direito de natureza metaindividual, como é o caso do direito à manutenção ao meio ambiente de trabalho saudável, é imperioso o reconhecimento da responsabilização civil objetiva, independentemente da perquirição da culpa dos agentes, conforme autorização expressa contida no texto da norma do art. 927 do Código Civil[27].

4.2. A posição jurisprudencial da responsabilidade civil do tomador de serviços em acidentes de trabalho

O Tribunal Superior do Trabalho, como anteriormente destacado, consolidou entendimento[28] há mais de duas décadas acerca da responsabilização subsidiária ou residual do tomador de serviços, em razão do inadimplemento de obrigações patrimoniais decorrentes do contrato de trabalho dos trabalhadores terceirizados. O reconhecimento da responsabilidade civil do tomador de serviços prescinde, em razão do caráter individual e patrimonial envolvido, da aferição do elemento anímico do agente "culpa" ou "dolo" do tomador de serviços.

Em relação à responsabilidade civil do tomador de serviços decorrente de acidentes de trabalho sofridos ou de doenças ocupacionais adquiridas no curso do contrato de trabalho, vem recentemente inclinando o Tribunal Superior do Trabalho para o reconhecimento da responsabilidade solidária do tomador de serviços, desde que comprovada a concorrência de culpa entre o empregador real e o tomador de serviços quanto ao cumprimento de obrigações relativas à segurança e à medicina do trabalho.

Nesse sentido, o Tribunal Superior do Trabalho assim se posicionou:

> RECURSO DE REVISTA. INDENIZAÇÃO POR DANOS MATERIAIS E MORAIS DECORRENTES DE ACIDENTE DE TRABALHO. RESPONSABILIDADE SOLIDÁRIA ATRIBUÍDA AO TOMADOR DE SERVIÇOS. TRABALHADOR AVULSO. I. A Corte Regional manteve a responsabilidade solidária da Recorrente (tomadora dos serviços) pelo dever de indenizar os danos decorrentes de acidente de trabalho sofrido pelo Autor (trabalhador avulso). Constatou que a Recorrente agiu com culpa (na modalidade negligência) para a ocorrência do infortúnio, porquanto não fiscalizou a execução do trabalho prestado pelos trabalhadores avulsos, tampouco adotou medidas de segurança para evitar o acidente. Consignou que, "nos termos do acordo coletivo firmado entre os Reclamados", a segunda Reclamada (COAMO) "se obrigou 'a cumprir rigorosamente os dispositivos referentes à segurança e higiene do trabalho dos trabalhadores avulsos fornecidos em sistema de rodízio pelo Sindicato, principalmente no que se refere a insalubridade, instalação sanitária e vestiário'". II. Não há ofensa ao art. 265 do Código Civil, que estabelece que "a solidariedade não se presume; resulta da lei ou da vontade das partes". Extrai-se do acórdão recorrido que a atribuição de responsabilidade solidária à segunda Reclamada (COAMO) decorreu (a) da constatação de sua culpa no advento do acidente de trabalho sofrido pelo Autor e (b) da constatação de ela ter previamente se obrigado, mediante instrumento coletivo, a cumprir os preceitos relativos à segurança e saúde ocupacional. Sendo assim, a condenação solidária da Recorrente ao pagamento de indenização por danos morais e materiais encontra respaldo não só no art. 927, *caput*, do Código Civil (que impõe o dever de indenizar àquele que, por ato ilícito, causa dano a outrem), como também no art. 942, *caput*, do mesmo diploma legal (que prevê a solidariedade de todos os autores da ofensa – "... e, se a ofensa tiver mais de um autor, todos responderão solidariamente pela reparação"). Recurso de revista de que não se conhece. PROCESSO N. TST-RR-36400-84.2005.5.09.0091. Relator: Ministro Fernando Eizo Ono.
>
> **Ementa:** RECURSO DE REVISTA – INDENIZAÇÃO POR DANOS MORAIS E MATERIAIS DECORRENTES DE ACIDENTE DE TRABALHO – EMPREGADO TERCEIRIZADO – RESPONSABILIDADE SOLIDÁRIA DA EMPRESA TOMADORA DE SERVIÇOS. A exegese dos arts. 927, *caput*, e 942 do

---

(27) BRANDÃO, Cláudio. *Acidente de trabalho e responsabilidade civil do empregador*. 4. ed. São Paulo: LTr, 2015. p. 319.

(28) Nesse sentido, o TST editou a Súmula n. 331.

Código Civil autoriza a conclusão de que, demonstrada a culpa das empresas envolvidas no contrato de terceirização de serviços, estas devem responder solidariamente pela reparação civil dos danos sofridos pelo trabalhador em decorrência de acidente de trabalho. Não há dúvidas de que a empresa tomadora de serviços, no caso de terceirização, tem o dever de cautela, seja na eleição da empresa prestadora de serviços, seja na fiscalização de suas atividades, eis que elege e celebra contrato com terceiro que intermedia, em seu proveito, a mão de obra necessária ao desenvolvimento de suas atividades econômicas. No caso concreto, a recorrente era tomadora de serviços do reclamante, que lhe prestava serviços mediante empresa interposta (a primeira-reclamada), nas suas dependências, quando sofreu acidente de trabalho. Porque configurada a culpa de ambas as reclamadas pelo dano suportado pelo reclamante, já que foi constatada pelo Tribunal Regional a negligência na manutenção de um ambiente de trabalho seguro e no fornecimento de equipamentos de proteção individual, emerge a coparticipação das reclamadas no infortúnio que vitimou o trabalhador, a autorizar a responsabilização solidária da segunda-reclamada. Precedentes. Recurso de revista não conhecido. RR 3696000620055150135 369600-06.2005.5.15.0135. Relator Ministro Luiz Philippe Vieira de Mello Filho.

A partir dos arestos jurisprudenciais acima destacados, é possível constatar uma evolução jurisprudencial, ainda que tímida, quanto à responsabilização do tomador de serviços em razão de doenças ocupacionais adquiridos e acidentes de trabalho sofridos pelos trabalhadores terceirizados. Passou-se de uma concepção de que a responsabilidade daquele que se beneficia da mão-de-obra terceirizada era residual ou subsidiária para o reconhecimento da responsabilidade solidária, sem que se reconheça a existência de benefício de ordem.

De todo o modo, ao observar outros julgados[29] acerca da responsabilidade do empregador em matéria de acidente de trabalho e doenças ocupacionais, é possível concluir que o TST vem caminhando para a aplicação da teoria da responsabilidade civil objetiva e, concomitantemente, reconhecer a responsabilidade solidária do empregador e tomador de serviços.

5. CONSIDERAÇÕES FINAIS

A terceirização de serviços impõe a transferência de parte da atividade a terceiros, tendo como beneficiário direto do serviço prestado a empresa tomadora. A preocupação com a manutenção da higidez do ambiente de trabalho demanda do intérprete autêntico a compreensão conjunta e sistemática do ordenamento jurídico, valendo-se de normas jurídicas inclusive do direito civil para a solução dos conflitos apresentados.

A utilização da teoria do diálogo das fontes é capaz de permitir no cenário do pós-positivismo jurídico ao intérprete autêntico do direito do trabalho reconhecer, em razão da proteção da proteção do hipossuficiente do contrato de trabalho, a possibilidade de condenação solidária do tomador de serviços, independentemente da aferição da culpa ou do dolo, em situações envolvendo a responsabilidade civil na reparação de danos decorrentes de acidente de trabalho e de doenças ocupacionais.

A existência de lacuna no sistema consolidado permite, a partir dessa novel teoria, reconhecer a aplicação subsidiária do Código Civil, por meio do diálogo sistemático da complementariedade ou da subsidiariedade, às fontes específicas do direito material do trabalho.

6. REFERÊNCIAS BIBLIOGRÁFICAS

ALMEIDA, Renato Rua de. Os direitos laborais inespecíficos dos trabalhadores. In: ALMEIDA, Renato Rua de (Org.). SOBRAL, Jeana Silva; SUPIONI JUNIOR, Claudimir (Coords.). *Direitos laborais inespecíficos*: os direitos gerais de cidadania na relação de trabalho. São Paulo: LTr, 2012.

BARROSO, Luís Roberto. Neoconstitucionalismo e constitucionalização do direito. *Boletim de direito administrativo*, São Paulo, ano 23, n. 1, jan. 2007.

BAUMAN, Zygmunt. *Globalização*: as consequências humanas. Tradução de Marcus Penchel. Rio de Janeiro: Zahar, 1999.

BENJAMIN, Antônio Herman V.; MARQUES, Cláudia Lima; BESSA, Leonardo Roscoe. *Manual de Direito do Consumidor*. 7. ed. São Paulo: Revista dos Tribunais, 2016.

BRANDÃO, Cláudio. *Acidente de trabalho e responsabilidade civil do empregador*. 4. ed. São Paulo: LTr, 2015.

CAFIERO, Carlo. *Compêndio de O Capital*. Tradução de Ricardo Rodrigues. São Paulo: Hunterbooks, 2014.

CASAGRANDE, Cássio. Terceirização e responsabilidade solidária: a aplicação da teoria dos contratos coligados no direito do trabalho. In: GOULART, Rodrigo Fortunato; VILLATORE, Marco Antônio (Coords.). *Responsabilidade civil nas relações de trabalho*: reflexões atuais. Homenagem ao professor José Affonso Dallegrave Neto. São Paulo: LTr, 2015.

GAIA, Fausto Siqueira. *Tutela inibitória de ofício e a proteção do meio ambiente do trabalho*: limites e possibilidades da atuação jurisdicional. São Paulo: LTr, 2015.

---

[29] No sentido de reconhecer a aplicabilidade da teoria da responsabilidade civil objetiva, o TST a acolheu nos seguintes acórdãos: AIRR 0191700-55.2011.5.02.0465, RR 2539900-31.2008.5.09.0651, dentre outros.

JAYME, Erik. Identité culturelle et intégration: le droit internacionale privé postmoderne. *Recueil des Cours de l'Académie de Droit Internacional de la Haye,* Paris, tomo 251, 1995.

KELSEN, Hans. *Teoria pura do direito.* Tradução de João Baptista Machado. 6. ed. São Paulo: Martins Fontes, 1998.

KUHN, Thomas S. *A estrutura das revoluções científicas.* Tradução de Beatriz Vianna Boeira e Nelson Boeira. São Paulo: Perspectiva, 1994.

LEITE, Carlos Henrique Bezerra. As lacunas do direito do trabalho e a necessidade de heterointegração (diálogo das fontes) com o direito civil. In: ALMEIDA, Renato Rua de (Coord.).; CALVO, Adriana (assistente de coordenação). *Aplicação da teoria do diálogo das fontes no direito do trabalho.* São Paulo: LTr, 2015.

LEITE, Carlos Henrique Bezerra. Terceirização na perspectiva do direito do trabalho brasileiro. *Revista da Academia Brasileira de Direito do Trabalho,* São Paulo, ano XX, n. 20, p. 16, 2015.

MARQUES, Cláudia Lima. Superação das antinomias pelo diálogo das fontes: o modelo brasileiro de coexistência entre o Código de Defesa do Consumidor e o Código Civil de 2002. *Revista da ESMESE,* Aracaju, n. 7, p. 45-46, 2004.

MARX, Karl. *O capital.* Tradução de Rubens Enderle. São Paulo: Boitempo, 2013.

MORAES, Maria Celina Bodin de. A constitucionalização do direito civil e seus efeitos sobre a responsabilidade civil. *Direito, Estado e Sociedade,* v. 9, n. 29, p. 233, jul./dez. 2006.

MÜLLER, Friedrich. *O novo paradigma do direito:* introdução à teoria e metódica estruturantes do direito. Tradução de Peter Naumann. 3. ed. São Paulo: Revista dos Tribunais, 2013.

NIGRO, Rachel. A virada linguístico-pragmática e o pós-positivismo. *Revista Direito, Estado e Sociedade,* Rio de Janeiro, n. 34, p. 170-211, jan./jun. 2009.

THALHEIMER, August. *Introdução ao materialismo dialético.* Tradução de Moniz Bandeira. São Paulo: Ciências Humanas, 1979.

O Equilíbrio Econômico do Contrato de Trabalho na Perspectiva do Direito Civil Constitucionalizado

ADRIANA JARDIM ALEXANDRE SUPIONI
Doutoranda em Direito do Trabalho pela PUC/SP. Mestre em Direito do Trabalho pela PUC/SP. Especialista em Responsabilidade Civil pela FGV. Graduada pela Universidade Presbiteriana Mackenzie. Advogada. *E-mail:* adrianajardim@terra.com.br.

1. INTRODUÇÃO

As relações de trabalho na sociedade pós-moderna exigem que se promova uma reconstrução do contrato de trabalho, tanto no que se refere à sua índole, cada vez mais flexível do ponto de vista de negociação entre as partes envolvidas, quanto na evolução da complexidade do seu conteúdo.

Se outrora era suficiente estipular a jornada a ser cumprida, a função a ser exercida e o valor da contraprestação salarial, hoje se verifica a existência de contratos de trabalho cada vez mais complexos, tanto no que diz respeito à sua formação quanto no que diz respeito à sua execução.

Juntamente com essa nova perspectiva, surge sistemática do Código Civil que concede ao Direito Privado uma permeabilidade dos valores constitucionais de forma a conceder-lhes plena eficácia nos contratos privados, como o contrato de trabalho.

A mobilidade hermenêutica concedida pela aplicação e interpretação das cláusulas gerais permite um aperfeiçoamento das relações contratuais de modo a respeitar a variedade de sujeitos e a complexidade de disposições que hoje compõem o novo substrato contratual.

O conteúdo do contrato de trabalho caminha gradativamente para um caráter negocial cada vez mais complexo e diferenciado. As novas modalidades de contrato como o trabalho à distância, o trabalho intermitente, o teletrabalho, para citar apenas algumas, carregam consigo uma nova faceta desse ramo do direito, que não raras vezes, se torna conflituoso justamente pelo desequilíbrio existente entre a atividade laboral do trabalhador e a proporcional retribuição devida pelo empregador.

É sob essa nova perspectiva que pretendemos realizar o presente estudo com a finalidade de identificar em situações concretas o potencial de flexibilidade do contrato de trabalho na justa medida em que não afete o necessário e imprescindível equilíbrio econômico.

Para tanto, iniciaremos com o estudo dos novos paradigmas contratuais, dentre os quais destacaremos o art. 157 do Código Civil que trouxe a instituto da lesão para as relações privadas e do art. 478 também do Código Civil que prevê a onerosidade excessiva.

Com isso, passaremos a estudar o contrato de trabalho como contrato comutativo com o fim de estabelecer a conexão entre as disposições do Código Civil e as características do contrato de trabalho, realizando assim o efetivo diálogo das fontes que permite uma releitura do art. 456, parágrafo único, da Consolidação das Leis do Trabalho visando a preservação do equilíbrio econômico, tanto na formação quanto na execução do contrato de trabalho.

No quarto capítulo trataremos de algumas situações específicas do contrato de trabalho em que o equilíbrio econômico resta desajustado, sem a pretensão de estabelecer um rol exaustivo, mas tão somente exemplificativo.

Finalmente, no capítulo conclusivo estabeleceremos algumas reflexões sobre o tema com o intuito de colaborar com a compreensão do novo paradigma contratual aqui tratado e sua aplicação nas relações de trabalho.

2. NOVOS PARADIGMAS DO DIREITO CONTRATUAL CIVIL E SEUS REFLEXOS NO CONTRATO DE TRABALHO

O surgimento do Direito do Trabalho como disciplina autônoma do Direito Civil se deve à incapacidade deste em proteger efetivamente o trabalhador em razão da assimetria de poder negocial existente entre as partes que caracteriza o contrato individual de trabalho.

Por essa razão, o Direito Civil, embasado na autonomia da vontade e no p*acta sunct servanda*, não imprimia uma proteção suficiente ao trabalhador, fazendo-se necessária a criação de princípios específicos sobre os quais foi construído o Direito do Trabalho.

Entretanto, as mudanças sociais impostas pela revolução tecnológica e com o advento da sociedade pós-industrial, as relações de trabalho passaram a imprimir diferentes características que levaram ao surgimento de contratos de trabalho diferenciados.

Relações laborais à distância denominadas como teletrabalho, trabalho periférico ou trabalho remoto, trabalhadores multifuncionais, entre outras tantas novas denominações, passaram a ocupar um espaço cada vez maior nas empresas e com isso, novos conceitos de subordinação, local de trabalho e tempo à disposição precisaram ser estruturados.

Essa nova realidade, trouxe consigo a necessidade de proteger esses trabalhadores de forma a não criar um desequilíbrio entre a prestação e contraprestação respectiva, mantendo-se assim incólume o caráter sinalagmático do contrato de trabalho.

Assim, o equilíbrio contratual pode ser alcançado através das cláusulas gerais do Código Civil, mais precisamente a que prevê o equilíbrio econômico do contrato, da qual nos ocuparemos mais aprofundadamente neste trabalho.

A possibilidade de retornar ao Código Civil para estabelecer um patamar protetivo às relações de trabalho não previstas na CLT só foi possível em face da superação dos seus paradigmas contratuais anteriores, que embora ainda convivam no sistema contratual, perderam a sua essencialidade, deslocada para critérios valorativos que primam pela justiça contratual em detrimento da autonomia da vontade.

Em assim sendo, o Direito Civil volta a ter relevância para efetivar os direitos fundamentais dos trabalhadores, por meio das cláusulas gerais da boa-fé objetiva, função social e equilíbrio econômico do contrato, todas previstas no diploma civil de 2002 e que, portanto, devem ser observadas em todos os contratos firmados sobre a égide do nosso ordenamento jurídico.

A importância deste fato para o Direito do Trabalho revela-se pela possibilidade da cláusula geral civilista abranger essas novas modalidades contratuais de trabalho que não podem ficar à margem da proteção legal.

Dessa forma, a saída que se encontra para imprimir eficácia aos direitos dos trabalhadores nestes contratos atípicos é socorrer-se através do diálogo entre as diversas fontes do direito que, conjugadas, podem alcançar uma solução para os problemas enfrentados pelo direito do trabalho atual.

Com isso, a proposta que aqui fazemos é incluir o trabalhador na proteção imprimida pelas cláusulas gerais do Código Civil que conferem um afastamento da autonomia da vontade, pura e simples, em prol de uma justiça contratual que deve ser verificada e respeitada no caso concreto.

A partir desse paradigma, todo e qualquer contrato de trabalho não pode ser eivado de vantagem excessiva para o empregador, devendo respeitar-se o seu equilíbrio econômico, tanto no momento de sua formação quanto no decorrer de seu cumprimento, conforme trataremos nos tópicos seguintes.

2.1. A justiça contratual

A sociedade pós-moderna trouxe consigo um novo protagonista, qual seja, a humanidade. Essa perspectiva visa proporcionar uma melhoria da condição humana trazendo à tona os elementos de cunho valorativo para interpretação dos contratos, ao mesmo tempo em que relega ao segundo plano a autonomia da vontade e a liberdade contratual festejadas à época do positivismo jurídico.

Esses elementos, introduzidos em nosso ordenamento, primeiramente pela Constituição Federal e posteriormente pelo Código Civil de 2002, remetem à definição aristotélica de Justiça pela qual a ação justa é aquela intermediária entre o agir injustamente e o ser vítima de injustiça. Em outras palavras, a Justiça encontra-se no meio termo e decorre do equilíbrio dos interesses das partes.

A Justiça, nessa concepção comutativa, é aquela que promove a equivalência entre a prestação e a contraprestação, vinculando as partes contratantes àquilo que é justo no contrato. Esse é o caminho espontâneo da execução dos contratos pelo qual cada contratante recebe o equivalente ao que oferece.

É preciso, entretanto ressalvar que, a ampla liberdade negocial e a autonomia da vontade, fincadas no *pacta sunt servanda*, não foram eliminadas do nosso sistema, porém precisam conviver com as cláusulas gerais introduzidas pelo Código Civil, que àquelas se sobrepõem na análise do caso concreto.

Nas palavras de Teresa Negreiros: "Justo é o contrato cujas prestações de um e de outro contratante, supondo-se interdependentes, guardam entre si um razoável de proporcionalidade. Uma vez demonstrada a exagerada ou excessiva discrepância entre as obrigações assumidas por cada contratante, fica configurada a injustiça daquele ajuste, exatamente na medida em que configurada está a inexistência de paridade."[1]

Assim, sob essa perspectiva de Justiça, passaremos a analisar o novo paradigma contratual, tema do presente artigo.

2.2. O equilíbrio econômico do contrato como cláusula geral

A opção legislativa do Código Civil de 2002 foi influenciada pelas características culturalistas de Miguel Reale que, em razão da abertura semântica das cláusulas gerais, proporciona a aplicação da teoria do diálogo das fontes.

Para Judith Martins Costa, a cláusula geral "constitui uma disposição normativa que utiliza em seu enunciado uma linguagem tessitura, intencionalmente aberta, fluida ou vaga, caracterizando-se pela ampla extensão de campo semântico".[2]

As cláusulas gerais visam dotar o sistema de mobilidade, permitindo a mitigação de regras mais rígidas. Com isso, o diálogo entre as diversas fontes do direito resta viabilizado, pois consegue-se preencher a norma com os valores sociais do momento em que a mesma será aplicada.

Além disso, são normas de ordem pública e, portanto, devem ser aplicadas *ex officio* pelo julgador. Nas palavras de Nelson Nery Júnior, " cabe ao juiz, no caso concreto, preencher o conteúdo da cláusula geral, dando-lhe a consequência que a situação concreta reclamar".[3]

Nesse contexto, o equilíbrio econômico do contrato apresenta-se como uma cláusula geral decorrente do novo paradigma da justiça contratual que visa proporcionar o equilíbrio substancial das partes, agindo como um elemento protetor das relações contratuais, limitando os excessos prejudiciais às partes e ao próprio contrato. Entende-se que o essencial ao contrato não é mais a manutenção absoluta da vontade das partes, se não estiverem elas em situação de equilíbrio.

E aqui cabe abrir um parênteses para aclarar a ideia que, o equilíbrio econômico do contrato não se refere apenas à capacidade financeira das partes. Até porque, no que se refere às relações do trabalho, a melhor capacidade financeira, na maioria das vezes está agregada ao empregador que, em tese, é o detentor do capital. Fosse assim, nenhum esforço interpretativo seria necessário.

A cláusula geral aqui tratada não se refere à capacidade financeira, mas ao equilíbrio entre as prestações das partes integrantes do contrato.

O equilíbrio econômico refere-se ao valor entre a prestação do trabalhador e à devida contraprestação do empregador. A dependência financeira do primeiro, em relação ao segundo, não se discute, posto que verificada em razão da assimetria existente entre os atores do contrato de trabalho.

O que se pretende balancear é o valor da contraprestação recebida pelo trabalhador em face daquilo que ele oferece como força de trabalho ao seu empregador. Essa equação precisa estar equilibrada dentro do que apregoa Justiça comutativa que tratamos no item anterior.

---

(1) NEGREIROS, Teresa. *Teoria do Contrato*. Novos paradigmas. 2. ed. Rio de Janeiro: Renovar, 2006.

(2) MARTINS-COSTA, Judith. *A boa-fé no direito privado*. 2. ed. São Paulo: Revista dos Tribunais, 2000. p. 303.

(3) NERY JÚNIOR, Nelson. Contratos no Código Civil: apontamentos gerais. In: FRANCIULLI NETO, Domingos; MENDES, Gilmar Ferreira; MARTINS FILHO. Ives Gandra da Silva (Coord.). *O novo Código Civil*. Homenagem ao prof. Miguel Reale. 2. ed. São Paulo: LTr, 2006. p. 430.

3. O CONTRATO DE TRABALHO COMO CONTRATO COMUTATIVO

A característica da comutatividade do contrato de trabalho decorre de previsão legal. O art. 7º da Constituição Federal, inciso V, prevê que o piso salarial fixado deve ser proporcional à extensão e à complexidade do trabalho.

Dessa forma, a disposição constitucional propõe, necessariamente, a releitura do disposto no parágrafo único do art. 456 da Consolidação das Leis do Trabalho que assim dispõe: "À falta de prova ou inexistindo cláusula expressa a tal respeito, entender-se-á que o empregado se obrigou a todo e qualquer serviço compatível com sua condição pessoal."

Isso porque, o artigo celetista, se analisado separadamente, pressupõe que, uma vez iniciado o contrato de trabalho, o empregado está obrigado a todo e qualquer serviço, independentemente de acréscimo salarial em face de novas atribuições a ele destinadas.

Entretanto, o contrato de trabalho tem como um de seus principais pressupostos a onerosidade.[4] Tal característica prevê uma retribuição do tempo e da força de trabalho empreendida pelo trabalhador em favor do empregador. Dessa forma, em razão da essência do contrato de trabalho que é a subsistência do trabalhador, o valor da contraprestação não pode ser inferior ao valor do trabalho empreendido.

Ao analisarmos o dispositivo constitucional percebe-se que o parágrafo único do art. 456 pode levar ao desequilíbrio entre o trabalho prestado pelo empregado e a respectiva contraprestação paga pelo empregador em arrepio ao que dispõe o art. 7º, V, da Constituição Federal, abalando o sinalagma contratual e, consequentemente, trazendo ao empregador vantagem excessiva em detrimento da desvantagem do trabalhador.

Para evitar tal situação, é preciso verificar os vícios que podem ter eivado o contrato de trabalho na sua formação bem como na sua execução.

3.1. Do instituto da lesão: vícios na formação do contrato de trabalho

O instituto da lesão está previsto no art. 157 do Código Civil que dispõe:

> Ocorre lesão quando uma pessoa, sob preemente necessidade, ou por inexperiência, se obriga a prestação manifestamente desproporcional ao valor da prestação oposta.

Percebe-se pelo dispositivo civilista a presença de requisitos objetivos e subjetivos para o reconhecimento da lesão na formação do contrato.

O requisito objetivo refere-se à existência de prestações desproporcionais negociadas no contrato. Os requisitos subjetivos são: (i) premente necessidade que não se confunde com condição econômica, mas como uma impossibilidade de evitar o contrato; (ii) inexperiência do lesado caracterizada pela falta de conhecimento da natureza do que está sendo negociado no contrato.

Ressalte-se que o instituto da lesão só restará configurado na formação inicial do contrato, restando excluída a lesão superveniente que decorra de um fato que não poderia ser previsto no momento da contratação. Da mesma forma, para configuração da lesão, não se exige que reste demonstrado o dolo de aproveitamento, ou seja, basta que haja o desequilíbrio das prestações, mesmo que tal fato não tenha sido intencional.

Analisando os pressupostos acima mencionados, no contexto das relações de trabalho, podemos afirmar que o contrato de trabalho é necessário ao trabalhador, da mesma forma que o empregador possuii melhor conhecimento das atividades que serão desenvolvidas pelo trabalhador. Assim, em se verificando a desproporcionalidade das prestações contratuais, restará caracterizado o instituto da lesão no contrato de trabalho.

3.2. Da onerosidade excessiva: vícios na execução do contrato de trabalho

O instituto da onerosidade excessiva está previsto no art. 478 do Código Civil que assim dispõe:

> Nos contratos de execução continuada ou diferida, se a prestação de uma das partes se tornar excessivamente onerosa, com extrema vantagem para a outra, em virtude de acontecimentos extraordinários e imprevisíveis, poderá o devedor pedir a resolução do contrato. Os efeitos da sentença que a decretar, retroagirão à data da citação.

Ao contrário da lesão, tratada no tópico anterior, a onerosidade excessiva ocorre em razão de fatos supervenientes à formação do contrato de trabalho. Entretanto, o fato que gerou o desequilíbrio e as consequências diretas no contrato não pode fazer parte do risco ordinário do negócio.

Se verificada a desproporção das prestações em razão de fato superveniente, o devedor poderá pedir a resolução do contrato, evitando-se assim o enriquecimento sem justo motivo previsto no art. 884 do Código Civil.

---

(4) MARTINEZ, Luciano. *Curso de direito do trabalho*. 3. ed. São Paulo: Saraiva, 2012. p. 126.

Algumas situações precisam ser destacadas para o perfeito entendimento do instituto: (i) Na hipótese da desproporcionalidade das prestações for resultado das disposições iniciais do contrato estaremos diante de uma lesão prevista no art. 157 do Código Civil; (ii) Se a desproporcionalidade das prestações correr por fatos supervenientes à formação do contrato, restará caracterizada a onerosidade excessiva; (iii) A lesão *a priori* poderá levar à onerosidade excessiva *a posteriori*. Neste caso, a aplicação deverá seguir o art. 157 do Código Civil, pois o vício ocorreu na formação do contrato, embora suas consequências tenham sido observadas na execução do mesmo.

4. ANÁLISE DA APLICAÇÃO DA CLÁUSULA GERAL DO EQUILÍBRIO ECONÔMICO DO CONTRATO NAS RELAÇÕES DE TRABALHO

Com base na parte teórica que expusemos nos itens anteriores, passaremos agora a analisar algumas situações concretas em que se pode verificar o desequilíbrio econômico do contrato de trabalho.

A primeira delas é o que denominamos na doutrina como adicional por acúmulo de funções. Embora não haja previsão legal específica sobre tal parcela, diversas vezes esse pedido pode ser verificado nas ações trabalhistas aforadas pelos trabalhadores.

Tal situação ocorre quando o trabalhador é contratado para exercer determinada função e, no curso do contrato de trabalho, o empregador exige que, além da função exercida pelo trabalhador, passe o mesmo a exercer a função de outro colega. Assim, o empregador paga o mesmo valor para um funcionário, mas exige que a prestação corresponda às funções de dois trabalhadores.

Não raras vezes tal pleito é negado pelo Judiciário sob o fundamento de que não há previsão legal para o pagamento de tal adicional. Além disso, algumas decisões são fundamentadas conforme o que prevê o parágrafo único do art. 456 da CLT, que permite que o empregador exija de seu empregado todo e qualquer serviço compatível com sua condição social.

Entretanto, ao analisarmos a situação do contrato de trabalho, sob a perspectiva do diálogo das fontes e migrando para o contrato de trabalho as cláusulas gerais do Código Civil, especificamente o previsto no art. 478 do diploma civil e o disposto no art. 7º, V, da Constituição Federal, é possível identificar, nesta situação, o instituto da onerosidade excessiva em razão da quebra do caráter comutativo do contrato de trabalho.

Isso porque, a alteração contratual que obriga o trabalhador a exercer outras funções além daquela para o qual foi contratado, desequilibra do contrato de trabalho por não proporcionar a reciprocidade de direitos e obrigações inicialmente ajustadas.

Evidentemente, se o acréscimo de função vier acompanhado da proporcional elevação de vencimentos, o equilíbrio econômico do contrato fica garantido e, desde que haja concordância do empregado, a situação se revestirá de legalidade.

A retribuição remuneratória é condição para manutenção do caráter sinalagmático do contrato de trabalho e indispensável para preservação do seu equilíbrio econômico.

A justiça contratual nesta hipótese pressupõe que o empregado no termo inicial do seu contrato de trabalho se obriga a determinada prestação, sendo toleradas pequenas variações dentro da mesma contraprestação inicialmente estabelecida.

Entretanto, o acréscimo de função ou a mudança de cargo, sem a devida contraprestação pecuniária, quebra o equilíbrio do contrato de trabalho, resultando no enriquecimento sem causa do empregador, em detrimento do maior esforço do trabalhador.

Outra hipótese de desequilíbrio do contrato de trabalho ocorre com o denominado desvio de função.

Nesta situação, o trabalhador é contratado para exercer determinada função e, sem o devido acréscimo salarial, o empregador o desloca para uma função mais complexa que a anterior ou com maior quantidade de atribuições.

Várias decisões não acatam o pedido de diferenças salariais decorrentes do desvio de função por entenderem que a pretensão não tem amparo legal ou convencional, estabelecendo assim uma visão estritamente positivista do direito que não considerara a hermenêutica proporcionada pela teoria do diálogo das fontes.

Entretanto, se em consequência da alteração contratual forem atribuídas ao trabalhador funções que exijam um maior conhecimento técnico, um esforço físico adicional ou uma especialização diferenciada, a contraprestação do empregador deverá ser proporcionalmente modificada de modo a suprir esse acréscimo na prestação do trabalhador.

Da mesma forma, resta caracterizada a quebra do equilíbrio contratual, pois mais uma vez o empregador se beneficiará do maior esforço do trabalhador sem a devida contraprestação pecuniária.

Mesmo sob a alegação do uso legítimo do *jus variandi* do empregador, não se justifica o desvio de função sem o devido acréscimo salarial em razão do equilíbrio necessário entre a prestação e contraprestação.

Releva ainda estabelecer que mesmo na ausência de quadro de carreira organizado conforme previsão do art. 461, § 2º, da CLT a prestação pecuniária é devida tendo em vista que o fundamento para sua concessão advém do equilíbrio econômico do contrato que deve ser verificado no caso concreto e, por tratar-se de cláusula geral, tem aplicação obrigatória por tratar-se de norma de ordem pública.

Outra figura que se apresenta nos novos contratos de trabalho é o funcionário multitarefas que, no momento da contratação, se compromete a exercer toda e qualquer função, recebendo a mesma quantia que outros funcionários da empresa. Tal situação configura o instituto da lesão posto que a prestação desproporcional ocorreu na formação do contrato de trabalho.

O nosso sistema pressupõe que a contratação de um trabalhador multitarefas necessariamente deve vir acompanhada de um acréscimo salarial condizente com esse tipo de contratação, tendo em vista que o funcionário capaz de exercer um grande número de tarefas dentro da empresa pressupõe uma prestação laboral de maior complexidade em relação aos demais funcionários do mesmo patamar hierárquico.

O pacto de permanência também se configura numa modalidade contratual que, não raras vezes, acarreta o desequilíbrio econômico do contrato de trabalho. Tal situação ocorre quando o empregador investe no aperfeiçoamento do empregado e, em troca, a rescisão contratual por pedido de demissão só pode ocorrer após determinado período de tempo. Se o pacto foi firmado no início do contrato de trabalho, pode restar caracterizada a lesão se o tempo determinado pelo empregador para permanência do empregado mostrar-se excessivo em face do benefício do aperfeiçoamento obtido pelo trabalhador.

Outra situação remete ao pacto de não concorrência. Algumas modalidades de contrato de trabalho pressupõe um período posterior ao seu término em que o trabalhador não pode exercer a mesma função em outra empresa concorrente ou mesmo empreender um negócio próprio no mesmo ramo de atividade do empregador.

Para que essa restrição seja válida e, para que não reste caracterizado o desequilíbrio econômico do contrato, deve ser paga ao trabalhador uma indenização que se mostre suficiente para justificar essa condição imposta pelo contrato de trabalho, devendo ainda ser observado o prazo para vigência desta restrição, que não pode ser excessivamente longa a ponto de eliminar a possibilidade do trabalhador a se recolocar no mercado de trabalho, na função para qual é qualificado.

5. CONCLUSÕES

A cláusula geral do equilíbrio econômico do contrato está presente no ordenamento jurídico brasileiro na forma dos institutos da lesão e da onerosidade excessiva previstos nos arts. 157 e 478 do Código Civil, respectivamente, e devem ser aplicados nas relações contratuais previstas no próprio Código Civil ou na legislação especial, como é o caso da Consolidação das Leis do Trabalho.

A importância da cláusula geral, acima mencionada, decorre da alteração da matriz axiológica promovida pelo Código Civil de 2002 que abandonou o excessivo apego à autonomia da vontade para promover o justo nas relações contratuais, isso porque a evolução do pensamento social trouxe consigo a ideia de que a convalidação de contratos injustos traz consequências danosas à sociedade e prejudicando sua harmonia.

De acordo com esse novo paradigma, trazido como elo o Direito Civil, o contrato de trabalho deve ser reinterpretado para que também seja incluído nesse novo sistema de valor que impõe como principal pressuposto contratual que o mesmo seja um contrato justo.

Seguindo este raciocínio, o caráter sinalagmático do contrato de trabalho pressupõe a existência de um equilíbrio econômico entre a prestação do trabalhador e a respectiva contraprestação do empregador para que possa o mesmo ser considerado um contrato justo dentro dessa nova perspectiva.

Dessa forma, ainda que não haja legislação específica ou mesmo norma coletiva que permita o pagamento de diferenças salariais decorrentes de alterações contratuais que abalem o equilíbrio das prestações, a cláusula geral do equilíbrio econômico do contrato deve ser observada por se tratar de norma de ordem pública.

O instituto da lesão e a onerosidade excessiva previstos nos arts. 157 e 478 do Código Civil, compatibilizam-se com as disposições do ordenamento jurídico trabalhista e devem ser aplicados para solucionar situações concretas em que há nítido desequilíbrio, seja ele verificado na formação do contrato de trabalho ou na sua execução.

6. REFERÊNCIAS BIBLIOGRÁFICAS

BOBBIO, Norberto. *Teoria geral do direito*. 2. ed. São Paulo: Martins Fontes, 2008.

DINIZ, Maria Helena. *As lacunas no direito*. 9. ed. São Paulo: Saraiva, 2009.

MARTINS-COSTA, Judith. *A boa-fé no direito privado*. 2. ed. São Paulo: Revista dos Tribunais, 2000.

MARTINEZ, Luciano. *Curso de direito do trabalho*. 3. ed. São Paulo: Saraiva, 2012.

NEGREIROS, Teresa. *Teoria do Contrato*. Novos paradigmas. 2. ed. Rio de Janeiro: Renovar, 2006.

NERY JUNIOR, Nelson. Contratos no Código Civil: apontamentos gerais. In: FRANCIULLI NETO, Domingos; MENDES, Gilmar Ferreira; MARTINS FILHO, Ives Gandra da Silva (Coord.). *O novo Código Civil*. Homenagem ao prof. Miguel Reale. 2. ed. São Paulo: LTr, 2006.

RAMALHO, Maria do Rosário Palma. *Direito do Trabalho*. Parte I – Dogmática Geral. 2. ed. Coimbra: Almedina, 2009.

SOUTO MAIOR, Jorge Luiz. *O direito do trabalho como instrumento de justiça social*. São Paulo: LTr, 2000.

OS DIREITOS TRABALHISTAS NAS CONSTITUIÇÕES BRASILEIRAS

CAMILA MIRANDA DE MORAES
Doutoranda em Direito do Trabalho pela PUC-SP. Mestre em Direito
Constitucional pela UNIFOR. Juíza do Trabalho Substituta no TRT 7.

1. INTRODUÇÃO

A história mostra que nem sempre houve direitos cujos destinatários fossem os trabalhadores. Ao contrário. Foi com a evolução da humanidade, por meio de movimentos sociais, como a Revolução Francesa, que trouxe os ideais de liberdade, igualdade e fraternidade, que surgiu a noção de que a escravidão era um meio de produção indigno, pois atentava contra a nova concepção de que o escravo também era um ser dotado de personalidade, com direito inclusive à liberdade. Com a abolição da escravidão e a adoção do trabalho assalariado como novo meio de produção que houve necessidade de criação de uma legislação que protegesse os trabalhadores das horas de trabalho sem limites, da falta de condições de higiene para laborar, do baixo valor dos salários etc.

A história do trabalho, da evolução dos meios de produção, das mudanças nos regimes políticos no Brasil e no mundo, entre outros fatores, foram e são importantes para o surgimento do Direito do Trabalho como o conhecemos hoje.

O panorama das relações de trabalho tem se modificado com grande velocidade não só no Brasil, mas em todo o mundo. As novas tecnologias têm propiciado mudanças significativas nos paradigmas tradicionais do trabalho e do emprego, dificultando a análise dos casos práticos.

É importante conhecer e estudar o pensamento constitucional brasileiro para perceber como os direitos trabalhistas vêm evoluindo através do tempo, como foram tratados nas Constituições e de que maneira isso refletia a realidade de uma determinada época e as tendências do constitucionalismo da época em que vigorou cada Constituição. A visão do conjunto das Constituições brasileiras permite notar a mudança para melhor no tratamento e importância conferidos aos direitos trabalhistas.

O presente artigo buscará fornecer um panorama da trajetória constitucional brasileira com foco nos direitos dos trabalhadores.

Quanto aos aspectos metodológicos, as hipóteses apresentadas foram investigadas mediante pesquisa bibliográfica, em que são analisadas algumas obras que tratam do assunto, assim como artigos extraídos de revistas jurídicas, e pesquisa documental, pois exploramos diversos diplomas normativos existentes, atinentes aos tópicos discutidos. A tipologia da pesquisa, segundo a utilização dos resultados, é pura. Segundo a abordagem, a tipologia da pesquisa é qualitativa, visto que busca desenvolver a problemática com base numa pesquisa subjetiva, ou seja, preocupando-se com o aprofundamento e abrangência da compreensão das ações e relações humanas. Quanto aos objetivos, a pesquisa é descritiva e exploratória, uma vez que procura aperfeiçoar as sugestões e ajudará na formulação de hipóteses para posteriores pesquisas.

2. OS DIREITOS TRABALHISTAS NAS CONSTITUIÇÕES BRASILEIRAS

No Brasil, o período de maior significância para o direito do trabalho foi uma parte da chamada *Era Vargas*, que compreende o período de 1930 até 1945. Não podemos, entretanto, deixar de analisar as mudanças ocorridas no período que vai desde a Constituição do Império, em 1824, até a Constituição de 1988.

O estudo das cartas constitucionais brasileiras demonstra de maneira clara a evolução do pensamento constitucional brasileiro e do próprio direito do trabalho nacional.

A Constituição de 1824, outorgada por Dom Pedro I, não tratou dos direitos sociais dos trabalhadores. Esta Carta tinha inspiração na filosofia liberal da revolução francesa, e limitou-se a proibir, no seu art. 179, XXV[1], a existência das corporações de ofício, como fora feito na França, em 1791, por meio da Lei Le Chapelier. A inovação da Carta de 1824 foi a existência do poder moderador, do qual o Imperador era titular.

Houve a abolição da escravatura em 1888 e, no ano seguinte, a proclamação da República. Em 1891, foi promulgada a primeira Constituição da era republicana. Este diploma sofreu influências da Constituição norte-americana e, a exemplo da Constituição do Império, também não tratou dos direitos dos trabalhadores. "Fundamentalmente, a Constituição de 1891 adaptou ao Brasil o sistema constitucional de modelo norte-americano, à semelhança do que já tinham feito o México e a Argentina."[2]

Comparando as Constituições de 1824 e 1891, Anderson Orestes Cavalcante Lobato afirma que

> [...] a Monarquia constitucional brasileira, apesar de inserir no seu Texto constitucional os Direitos fundamentais individuais de cidadania, ignorava a sua dimensão coletiva, notadamente quanto ao exercício dos direitos políticos, porquanto admitia o voto censitário, bem como o direito de propriedade individual sobre pessoas, os escravos, que por uma ficção jurídica, considerava-se coisa. (sic) Desse modo, o avanço obtido com a primeira Constituição republicana foi deveras significativo. O final da monarquia representou para os brasileiros a conquistas, dos direitos coletivos e políticos, como o sufrágio universal. (sic)[3]

Limitou-se a Carta de 1891 a garantir "o livre exercício de qualquer profissão moral, intelectual e industrial" (art. 72, § 24) e que "a todos é lícito associarem-se e reunirem-se livremente e sem armas" (art. 72, § 8º).[4]

O pensamento da época entendia que a liberdade contratual era absoluta. Por tal razão, a intervenção estatal nas relações entre os particulares, mormente nas relações trabalhistas, não era aceita. Entendia-se que o Estado não podia intervir na formação dos contratos, pois estaria restringindo a liberdade dos contratantes e ferindo-a, limitando o livre exercício de todas as profissões. Era a preponderância da doutrina do liberalismo, que não foi propícia para a evolução jurídica na ordem trabalhista.

Nessa época, a população das cidades crescia, a imigração ocorria em grande escala, a industrialização no Brasil iniciava-se.

> Formavam-se, assim, as condições para que o trabalho subordinado viesse a ser regido por leis de proteção, mas, não obstante, o Poder Público, fiel ao princípio liberalista que o inspirava, mantinha-se alheio a qualquer reivindicação. Estas existiram. Atestam-no dois fatos: o elevado número de greves e o movimento político.[5]

---

(1) NOGUEIRA, Octaciano. *Constituições Brasileiras:1824*. Brasília: Senado Federal e Ministério da Ciência e Tecnologia, Centro de Estudos Estratégicos, 1999. p. 105.

(2) MIRANDA, Jorge. *Manual de Direito Constitucional*. 6. ed. Coimbra: Coimbra, 1997. t. I, p. 225.

(3) LOBATO, Anderson Orestes Cavalcante. Os direitos humanos na Constituição brasileira: os desafios da efetividade. In: MALUSCHKE, Gunther e outros (Org.). *Direitos humanos e violência*: desafios da ciência e da prática. Fortaleza: Fundação Konrad Adenauer, 2004. p. 23.

(4) BALEEIRO, Aliomar. *Constituições Brasileiras: 1891*. Brasília: Senado Federal e Ministério da Ciência e Tecnologia, Centro de Estudos Estratégicos, 1999. p. 113.

(5) NASCIMENTO, Amauri Mascaro. *Curso de Direito do Trabalho*. 19. ed. São Paulo: Saraiva, 2004. p. 62.

Nesse período, surgiram iniciativas isoladas buscando tratamento jurídico para as relações de trabalho. Por meio do Decreto n. 1637/1907, foi assegurado o direito de sindicalização aos trabalhadores.

Com o Código Civil, em 1916, foi regulada a locação de serviços, antecedente histórico do contrato de trabalho.

Em 1919, a União legislou sobre seguro de acidentes do trabalho (Lei n. 3724/1919), e em 1923 instituiu as Caixas de Aposentadorias e Pensão dos Ferroviários, com estabilidade decenal para os empregados das respectivas empresas (Lei Eloi Chaves n. 4682/1923). O Conselho Nacional do Trabalho, vinculado ao Ministério da Agricultura, Indústria e Comércio, foi criado pelo Decreto n. 16027/1923. Em 1924, surgiu o Decreto n. 17934-A, o Código de Menores, que, entre outras coisas, dispôs sobre trabalho de menores.

Aliomar Baleeiro declara que tais fatos "foram os pródromos da legislação social que, logo após a Revolução de 1930, Lindolfo Collor induziria Vargas a aceitar."[6]

Já em 1925, a Lei n. 4982 concedia o direito a quinze dias de férias anuais remuneradas aos empregados de estabelecimentos comerciais, industriais, bancários e de caridade ou beneficentes.

Notamos, portanto, que a legislação existente era esparsa e específica, contemplando apenas determinados setores da sociedade com vantagens que poderiam ser encaradas como verdadeiros privilégios, e não direitos. Afinal, criava-se uma verdadeira discriminação ao conceder certas vantagens somente a uma categoria específica de trabalhadores.

"Depois da Revolução de 3 de outubro de 1930 todas as Constituições dispuseram sobre os direitos sociais do trabalhador" é a constatação assinalada por Arnaldo Süssekind.[7] Foi nesta época que houve o desenvolvimento da indústria no Brasil.

Em 26.11.1930, Getúlio Vargas, então chefe do Governo Provisório, criou o Ministério do Trabalho, Indústria e Comércio. A revolução paulista de 1932 incitou a necessidade de se promulgar uma nova Carta Constitucional, o que ocorreu em 1934. A inspiração para elaboração dessa Carta foi obtida na Constituição de Weimar (Alemanha, 1919) e na Constituição Republicana espanhola, de 1931.[8]

Registra Ronaldo Poletti que o anteprojeto da Constituição de 1934 era inovador, pois trazia em seu texto inúmeros temas que não eram comumente abordados pelo Direito Constitucional, como religião, família, cultura e ensino, ordem econômica e social. Afirma o autor que "[...] deve decorrer daí a tendência nacional de inserir na Carta Política dispositivos materialmente não-compreendidos pelo Direito Constitucional. Por isso, o texto projetado era mais extenso que o normal (135 artigos mais as disposições transitórias), embora não chegasse a ser uma enciclopédia."[9]

A nova Constituição mantinha o Brasil como uma República Federativa, havia separação dos poderes executivo, legislativo e judiciário, independentes entre si, e eleição direta dos membros dos poderes executivo e legislativo.

> A Constituição de 1934 consagrou a justiça eleitoral (criada em 1932); reforçou os poderes do Congresso (em especial, da Câmara dos Deputados, eleita pelo povo e pelas organizações profissionais); previu formas de intervenção do Estado na economia e direitos sociais na linha da Constituição mexicana de 1917 e da Constituição de Weimar; introduziu o mandado de segurança, para garantia de certos direitos certos e incontestáveis contra actos inconstitucionais ou ilegais.[10]

No dia seguinte à promulgação da nova Carta, Getúlio Vargas foi eleito indiretamente presidente do Brasil, para um mandato de quatro anos.

> Promulgada a 16 de julho de 1934, o novo Estado Político tornou-se um marco na história do Direito Constitucional brasileiro pelas normas que inseriu no capítulo, até então inédito, sobre a ordem econômica e social. [...] A *Constituição de 1934* procurou conciliar filosofias antagônicas emanadas das cartas magnas de Weimar (social-democrata) e dos Estados Unidos da América (liberal-individualista), além de mesclar a representação política resultante

---

(6) BALEEIRO, Aliomar, *op. cit.*, 1999, p. 51.
(7) SÜSSEKIND, Arnaldo. *Direito Constitucional do Trabalho*. 3. ed. Rio de Janeiro: Renovar, 2003. p. 33.
(8) POLETTI, Ronaldo. *Constituições Brasileiras: 1934*. Brasília: Senado Federal me Ministério da Ciência e Tecnologia, Centro de Estudos Estratégicos, 1999, p. 19.
(9) *Idem*, p. 34.
(10) MIRANDA, Jorge, *op. cit.*, 1997. t. I, p. 228.

de voto direto com a escolhida pelas associações sindicais (representação corporativa). Foi-lhes, por isso, vaticinada vida efêmera, o que aconteceu.[11]

Foi a Carta de 1934 que previu a instituição da Justiça do Trabalho, que só foi criada em 1941 (já na vigência da Constituição de 1937, que trazia a mesma previsão), o sistema da pluralidade sindical, o repouso semanal preferencialmente aos domingos (art. 121, *e*) e o salário mínimo "capaz de satisfazer, conforme as condições de cada região, às necessidades normais do trabalhador" (art. 121, *b*).

O capítulo II da Carta de 1934 era intitulado "Dos direitos e garantias individuais." O art. 113 tratava de tais direitos. O art.113, 12 assegurava a liberdade de associação para fins lícitos. O inciso 13 do mesmo artigo garantia o livre exercício de qualquer profissão. Dentro do capítulo II estava o título IV "Da ordem econômica e social". Neste título havia previsão de reconhecimento dos sindicatos e associações profissionais (art. 120), garantia da pluralidade sindical e completa autonomia dos sindicatos (parágrafo único do art. 120). O art. 121 da Constituição de 1934 elencava uma série de direitos trabalhistas.

> Art. 121 A lei promoverá o amparo da produção e estabelecerá as condições do trabalho, na cidade e nos campos, tendo em vista a proteção social do trabalhador e os interesses econômicos do país.
>
> § 1º A legislação do trabalho observará os seguintes preceitos, além de outros que colimem melhorar as condições do trabalhador:
>
> a) proibição de diferença de salário para um mesmo trabalho, por motivo de idade, sexo, nacionalidade ou estado civil;
>
> b) salário mínimo, capaz de satisfazer, conforme as condições de cada região, as necessidades normais do trabalhador;
>
> c) trabalho diário não excedente de oito horas, reduzíveis, mas só prorrogáveis nos casos previstos em lei;
>
> d) proibição de trabalho a menores de 14 anos; de trabalho noturno a menores de 16; e em indústrias insalubres, a menores de 18 anos e a mulheres;
>
> e) repouso hebdomadário, de preferência aos domingos;
>
> f) férias anuais remuneradas;
>
> g) indenização ao trabalhador dispensado sem justa causa;
>
> h) assistência médica e sanitária ao trabalhador e à gestante, assegurado a esta descanso, antes e depois do parto, sem prejuízo do salário e do emprego, e instituição de previdência, mediante contribuição igual da União, do empregador e do empregado, a favor da velhice, da invalidez, da maternidade e nos casos de acidentes do trabalho ou de morte;
>
> i) regulamentação do exercício de todas as profissões;
>
> j) reconhecimento das convenções coletivas de trabalho.
>
> § 2º Para o efeito deste artigo, não há distinção entre o trabalho manual e o trabalho intelectual ou técnico, nem entre os profissionais respectivos.
>
> [...]
>
> Art.122 Para dirimir questões entre empregadores e empregados, regidas pela legislação social, fica instituída a Justiça do Trabalho, à qual não se aplica o disposto no Capítulo IV, do Título I.
>
> Parágrafo único. A constituição dos Tribunais do Trabalho e das Comissões de Conciliação obedecerá sempre ao princípio da eleição de seus membros, metade pelas associações representativas dos empregados, e metade pelas dos empregadores, sendo o presidente de livre nomeação do Governo, escolhido dentre pessoas de experiência e notória capacidade moral e intelectual.
>
> Art.123 São equiparados aos trabalhadores, para todos os efeitos das garantias e dos benefícios da legislação social, os que exercem profissões liberais.[12]

Sublinha Irany Ferrari a grande importância para a época do § 2º do art. 121 da Constituição Brasileira de 1934 porque ainda não existia a Consolidação das Leis do Trabalho, apenas poucas leis esparsas sobre o trabalho, e a Lei Maior tratou da proibição de discriminação entre o trabalho manual, intelectual ou técnico.[13]

Bem se vê que o curto tempo de vigência da Carta de 1934 não apaga sua importância histórica. As diretrizes nela lançadas foram reproduzidas na maioria das constituições posteriores. Percebemos que o grande salto para o Direito do Trabalho foi dado por ocasião da Constituição de 1934, haja vista a inserção de um título tratando da ordem econômica e social e trazendo diversas garantias aos trabalhadores.

Em 10 de novembro de 1937, foi promulgada no Brasil uma nova Carta Constitucional, inspirada na

---

(11) SÜSSEKIND, Arnaldo, *op. cit.*, 2003. p. 34.
(12) POLETTI, Ronaldo, *op. cit.*, 1999. p. 163-164.
(13) FERRARI, Irany *et. al. História do trabalho, do direito do trabalho e da justiça do trabalho.* São Paulo: LTr, 1998. p. 56.

Constituição polonesa de 23.04.1935. Este período de nossa história é conhecido como "Estado Novo" (1937/1945). Foi nessa época que houve a promulgação da Consolidação das Leis do Trabalho – CLT, mais exatamente em 01.05.1943, francamente inspirada no regime corporativista italiano da *Carta del Lavoro*, de 1927.

O "Estado Novo" era nitidamente intervencionista, principalmente na ordem econômica e social. A greve foi proibida por ser nociva à produção. Fixou-se o princípio do sindicato único que somente seria legítimo se reconhecido pelo próprio Estado.[14]

Especificamente sobre o tema leciona Arion Sayão Romita: "O título que a Carta Constitucional de 1937 dedica à Ordem Econômica encontra direta inspiração na *Carta del Lavoro* italiana, de 21 de abril de 1927; e alguns de seus dispositivos, mais do que inspiração ou influência, limitam-se a traduzir fielmente o texto italiano."[15]

A *Carta del Lavoro* é composta por trinta declarações, classificadas em quatro títulos: Do estado corporativo e sua organização (declaração I a X); Do contrato coletivo de trabalho e das garantias do trabalho (declaração XI a XXI); Das agências de colocação (declaração XXII a XXV); e Da previdência, assistência, educação e instrução (declaração XXVI a XXX).

A CLT reflete em muitos pontos a influência das idéias autoritárias e corporativistas vigentes na Itália naquela época. Afinal, a CLT tinha que adequar-se à Constituição vigente, e a Carta de 1937 sofreu nítida influência da própria *Carta del Lavoro*.

A crítica que fazemos, neste tocante, é de que o regime corporativo desapareceu na Europa, o Brasil tornou-se um país democrático (o que foi consagrado pela Constituição de 1988), mas as normas da CLT, inspiradas no autoritarismo e na legislação do Estado Novo, sobreviveram.

A Carta de 1937 moldou a organização sindical brasileira de acordo com o corporativismo italiano. Segundo Arion Sayão Romita, o art.138 da Constituição de 1937 é a transcrição da cláusula III da *Carta del Lavoro*, e o art. 140 da Carta de 1937 foi inspirado na declaração VI, alíneas 2ª e 3ª também da *Carta del Lavoro*.

O art. 138 da Constituição brasileira de 1937, assim dispunha:

> A associação profissional ou sindical é livre. Somente, porém, o sindicato regularmente reconhecido pelo Estado tem o direito de representação legal dos que participarem da categoria de produção para que foi constituído, e de defender-lhes o direito perante o Estado e outras associações profissionais, estipular contratos coletivos de trabalho obrigatórios para todos os associados, impor-lhes contribuições e exercer em relação a eles funções delegadas de poder público.

O texto da declaração III da *Carta del Lavoro* está assim redigido:

> *L´organizzazione sindacale o professionale è libera. Ma solo il sindacato legalmente riconosciuto e sottoposto al controllo dello Stato há il diritto di rappresentare tutta la categoria di datori di lavoro o di lavoratori, per cui è constituito: di tutelarne, di fronte allo Stato e alle altre associazioni professionali, gli interessi; di stipulare contratti collettivi di lavoro obbligatori per tutti gli appartenenti allá categoria, di imporre loro contribuit e di esercitare, rispetto ad essi, funzioni delegate di interesse pubblico.*[16]

Não há dúvida da franca inspiração da Carta de 1937 no corporativismo italiano. Os sindicatos, portanto, nessa ordem constitucional, são controlados pelo Estado, que regula toda sua atuação. Houve um retrocesso à liberdade sindical, pois os sindicatos eram vistos como meros apêndices do Estado, devendo exercer funções delegadas do Poder Público, e os movimentos grevistas foram tidos como antissociais. Nas palavras de Amauri Mascaro Nascimento:

> O nosso sistema legal, assim, baseou-se em institutos que caracterizaram a forma autoritária de organização sindical, dentre os quais a necessidade de reconhecimento do sindicato pelo Estado, a natureza pública das funções sindicais, o prévio enquadramento sindical elaborado pelo Estado, o princípio do sindicato único, a contribuição sindical, a intervenção do Estado e o poder punitivo sobre os sindicatos, alguns compatíveis com a realidade social e econômica, outros exigindo reavaliação.[17]

---

(14) *Idem*, p. 57.
(15) ROMITA, Arion Sayão. *O fascismo no direito do trabalho brasileiro*: influência da *Carta del Lavoro* sobre a legislação trabalhista brasileira. São Paulo: LTr, 2001. p. 30.
(16) *Idem*, p. 30.
(17) NASCIMENTO, Amauri Mascaro, *op. cit.*, 2004. p. 74.

Tem razão Arion Sayão Romita, ao apontar para o fato de que boa parte das disposições de inspiração corporativista que influenciaram a Constituição de 1937 e a CLT permearam as quatro constituições seguintes (1946, 1967, 1969 e 1988), deixando um rastro de autoritarismo e carência do verdadeiro espírito democrático. Embora a Constituição de 1988 tenha inspiração democrática, seu art. 8º ainda traz resquícios autoritários ao manter o sistema da unicidade sindical (art. 8º, inciso II) e a contribuição compulsória dos trabalhadores em favor dos sindicatos (art. 8º, IV).

O art. 122 da Carta de 1937 trata dos direitos e garantias fundamentais, semelhantemente à Carta de 1934. Nos arts. 135 a 155 está o tratamento da ordem econômica e social. O art. 137 traz catorze incisos contendo direitos dos trabalhadores. Dentre eles, citamos o direito às férias ("e) depois de um ano de serviço ininterrupto em uma empresa de trabalho contínuo, o operário terá direito a uma licença anual remunerada;"[18]), à indenização pela cessação da relação de emprego ("f) nas empresas de trabalho contínuo, a cessação das relações de trabalho, a que o trabalhador não haja dado motivo, e quando a lei não lhe garante a estabilidade no emprego cria-lhe o direito a uma indenização proporcional aos anos de serviço;"[19]), a impessoalidade da relação de emprego em relação ao empregador, garantindo a continuidade do emprego nos casos de sucessão do empregador ("g) nas empresas de trabalho contínuo, a mudança de proprietário não rescinde o contrato de trabalho, conservando os empregados, para com o novo empregador, os direitos que tinham em relação ao antigo;"[20]).

Em 1º de maio de 1939, com o Decreto-lei n. 1.237, foi constituída a Justiça do Trabalho, que se instalou oficialmente em 01.04.1941, ainda no âmbito do Ministério do Trabalho e não do Poder Judiciário.

Foi na Constituição de 1946 que os órgãos da Justiça do Trabalho estavam divididos de maneira similar à de hoje em dia. Naquela época, havia as Juntas de Conciliação e Julgamento (hoje Varas do Trabalho), os Tribunais Regionais do Trabalho e o Tribunal Superior do Trabalho.

A Carta de 1946 trouxe uma nova fase ao constitucionalismo brasileiro, uma vez que se tratava de uma carta de cunho social-democrata. Assim, percebemos o contraste entre a Constituição anterior, extremamente autoritária, e a Carta de 1946, que continuou a evolução das normas trabalhistas e do próprio Direito do Trabalho.

Aliomar Baleeiro e Barbosa Lima Sobrinho registram que a Assembléia Constituinte formada para elaborar a Carta de 1946 contava com a participação de bancadas comunistas e trabalhistas, o que foi importante para determinar algumas mudanças no texto constitucional.[21]

O título IV da Constituição de 1946 tratava "Da declaração de direitos", e o capítulo II tratava "Dos direitos e das garantias individuais". O título V, "Da ordem econômica e social", trazia preceitos trabalhistas (arts. 145 a 162). A leitura do art. 145 da Carta de 1946, o primeiro do título sobre a ordem econômica e social, já deixa antever o teor mais democrático e social da nova Constituição:

> Art. 145. A ordem econômica deve ser organizada conforme os princípios da justiça social, conciliando a liberdade de iniciativa com a valorização do trabalho humano.
>
> Parágrafo único. A todos é assegurado trabalho que possibilite existência digna. O trabalho é obrigação social.[22]

O art. 157 era todo devotado à legislação do trabalho e estatuía, dentre outros preceitos, salário mínimo (inciso I), remuneração do trabalho noturno superior à do trabalho diurno (inciso III), "participação obrigatória e direta do trabalhador nos lucros da empresa, nos termos e na forma que a lei determinar" (inciso IV) assistência aos desempregados (inciso XV). A liberdade de associação foi garantida (art. 159), as convenções coletivas reconhecidas (inciso XIII) e o exercício do direito de greve, outrora proibido em 1934, foi assegurado (art. 158).

Em 1967 veio outra Carta Constitucional, que praticamente manteve os ditames da Constituição de 1946, e que sofreu ampla revisão pela Emenda Constitucional n. 01, de 1969. Segundo Arnaldo Süssekind, "essa revisão não alterou o elenco dos direitos sociais trabalhistas,

---

(18) PORTO, Walter Costa. *Constituições Brasileiras: 1937*. Brasília: Senado Federal e Ministério da Ciência e Tecnologia, Centro de Estudos Estratégicos, 1999. p. 105.

(19) *Idem*, p. 105.

(20) *Ibidem*, p. 105.

(21) BALEEIRO, Aliomar; LIMA SOBRINHO, Barbosa. *Constituições Brasileiras: 1946*. Brasília: Senado Federal e Ministério da Ciência e Tecnologia, Centro de Estudos Estratégicos, 1999. p. 15.

(22) *Idem*, p. 103.

mas introduziu modificação de relevo quanto à finalidade da ordem econômica."[23] O voto nas eleições sindicais torna-se obrigatório e é criado o chamado imposto sindical. O salário-família e o fundo de garantia por tempo de serviço (FGTS) são instituídos.

Finalmente, em 05 de outubro de 1988, é promulgada a Carta Constitucional até hoje vigente, que trouxe inúmeros avanços tanto em termos do estudo da teoria da democracia quanto relativamente aos direitos trabalhistas. Para Daniel Sarmento, "do ponto de vista histórico a Constituição de 1988 representa o coroamento do processo de transição do regime autoritário em direção à democracia."[24]

Nas palavras de Lenio Luiz Streck, a Constituição brasileira de 1988 é uma Constituição social, dirigente e compromissária, "alinhando-se com as Constituições europeias do pós-guerra."[25]

Assim, a Carta Constitucional vigente contemplou, no seu art. 7º, uma série de direitos de natureza trabalhista, como: seguro-desemprego; fundo de garantia por tempo de serviço (FGTS – que atualmente é regulado pela Lei n. 8036/1990); salário mínimo fixado em lei; piso salarial proporcional à extensão e à complexidade do trabalho (regulado pela Lei Complementar n. 103/2000); décimo terceiro salário; remuneração do trabalho noturno superior à do diurno; irredutibilidade do salário salvo o disposto em acordo ou convenção coletiva; repouso semanal remunerado preferencialmente aos domingos; férias acrescidas de um terço; aviso prévio de no mínimo trinta dias; proibição de trabalho noturno, perigoso ou insalubre a menores de 18 anos, e de qualquer trabalho a menores de 16 anos, salvo na condição de aprendiz, a partir dos 14 anos; igualdade de direitos entre o trabalhador avulso e aquele que possui vínculo de emprego; extensão aos empregados domésticos do direito a salário mínimo, irredutibilidade do salário salvo o disposto em acordo ou convenção coletiva, décimo terceiro salário com base na remuneração integral ou no valor da aposentadoria, repouso semanal remunerado preferencialmente aos domingos, gozo de férias anuais remuneradas com, pelo menos, um terço a mais do que o salário normal, licença à gestante, licença paternidade, aviso-prévio de no mínimo trinta dias e aposentadoria.

Alguns desses direitos já eram regulados por legislação ordinária anterior a 1988, que se manteve sem alterações, por ter sido recepcionada pelo sistema constitucional vigente. Este é o caso da gratificação natalina, popularmente conhecida como décimo terceiro salário, que foi criada pela Lei n. 4090/1962, e do repouso semanal remunerado, regulado pela Lei n. 605/1949, ambos integralmente recepcionados pela Constituição de 1988. Outros direitos constituíram novidade à época, como a licença paternidade de cinco dias, regulada pelo art. 10, § 1º do Ato das Disposições Constitucionais Transitórias, e a licença à gestante de 120 dias, garantidos o emprego e o salário.

Arion Sayão Romita, diferentemente de grande parte dos doutrinadores, critica alguns aspectos da Constituição de 1988, dizendo que esta "sem dúvida introduz inovações, no intuito de implantar a democracia na regulação das relações de trabalho, mas conserva o essencial do regime antidemocrático, que deveria ter afastado por completo."[26]

Assiste alguma razão a Arion Sayão Romita, pois embora tenha introduzido, no que diz respeito aos direitos trabalhistas, muitas inovações, a Constituição de 1988 ainda manteve alguns dispositivos que remontam períodos autoritários de nossa história. Desta feita, a manutenção da unicidade sindical e da contribuição sindical compulsória, por exemplo, tem um caráter antidemocrático.

Embora criticada por alguns doutrinadores, como Arion Sayão Romita[27], entendemos que a Constituição de 1988 foi inovadora. Com base no estudo do pensamento constitucional brasileiro, percebemos que a Constituição de 1988 buscou regular e garantir inúmeros direitos à classe trabalhadora, diferentemente das Constituições que a precederam. "Diversamente de todas as anteriores Constituições, a de 1988 ocupa-se dos direitos fundamentais com prioridade em relação às demais matérias."[28]

---

(23) SÜSSEKIND, Arnaldo, *op. cit.*, 2003. p. 36.

(24) SARMENTO, Daniel. *Por um constitucionalismo inclusivo*: história constitucional brasileira, teoria da Constituição e direitos fundamentais. Rio de Janeiro: Lumen Juris, 2010. p. 102.

(25) STRECK, Lenio Luiz. *Jurisdição constitucional e hermenêutica*: uma nova crítica do direito. 2. ed. Rio de Janeiro: Forense, 2004. p. 15.

(26) ROMITA, Arion Sayão. *Os direitos sociais na Constituição e outros estudos*. São Paulo: LTr, 1991. p. 12.

(27) ROMITA, Arion Sayão, *op. cit.*, 1991. p. 11: "Antecipando a conclusão, digo que minha impressão a respeito da regulação dos direitos dos trabalhadores pela Constituição de 5 de outubro de 1988 não é lisongeira. Não vou tecer loas ao novo texto constitucional, contrariando a tendência já revelada por alguns estudiosos, que destacam o "caráter progressista" da Carta Magna recentemente promulgada."

(28) MIRANDA, Jorge, *op. cit.*, 1997. t. I, p. 231.

Como se esperava depois de tantas cartas constitucionais retrógradas e autoritárias, o espírito da Carta de 1988 é democrático. Entretanto, por excesso de zelo, o constituinte foi, por vezes, redundante ao tratar dos direitos trabalhistas, procurando evitar quaisquer dúvidas quando da exegese do texto constitucional. Tal desiderato, entretanto, não foi alcançado integralmente.

Exemplo dessa redundância pode ser visto no inciso XXVI do art. 7º da Constituição, que trata do "reconhecimento das convenções e acordos coletivos de trabalho". Ora, se o inciso VI do art. 7º já garante "irredutibilidade do salário, salvo o disposto em convenção ou acordo coletivo", que necessidade havia de inserir no inciso XXVI o reconhecimento dos instrumentos coletivos?

Houve grande preocupação do legislador constituinte em instituir ou garantir a inserção no texto da Carta Magna de diversos tipos de direitos. No que pertine aos direitos sociais, percebe-se que sua inclusão no texto constitucional foi uma espécie de promessa do legislador que, no entanto, deixou de lado as questões relativas à efetividade de tais normas.

Tal problema ou constatação também encontra explicação na história. Anderson Orestes Cavalcante Lobato afirma que

> [...] é preciso entender que a participação popular na constituinte ofereceu à Constituição de 1988 uma legitimidade sem precedentes na história constitucional brasileira. As expectativas criadas pela Nova República foram de uma grande transformação social que pudesse encerrar não somente com o ciclo autoritário, marcado pela institucionalização da violência; mas, igualmente, eliminar a imensa desigualdade social e econômica que provoca a banalização da violência nas relações quotidianas.(29)

Assim, o inciso X do art. 7º garante "proteção do salário na forma da lei, constituindo crime sua retenção dolosa". Entretanto, até o presente não foi promulgada qualquer lei definindo como crime a retenção dolosa do salário. Em razão disso, o Superior Tribunal de Justiça tem entendimento de que se não existe tipo penal, não há sanção a aplicar:

> **Ementa:** HABEAS CORPUS. IMPETRAÇÃO SUBSTITUTIVA DE RECURSO ORDINÁRIO. IMPROPRIEDADE DA VIA ELEITA. APROPRIAÇÃO INDÉBITA. RETENÇÃO DE SALÁRIOS PELO EMPREGADOR. ATIPICIDADE RECONHECIDA. TRANCAMENTO DA AÇÃO PENAL ACOLHIDO. NÃO CONHECIMENTO DA IMPETRAÇÃO MAS CONCESSÃO DA ORDEM DE OFÍCIO. 1. É imperiosa a necessidade de racionalização do emprego do *habeas corpus*, em prestígio ao âmbito de cognição da garantia constitucional, e, em louvor à lógica do sistema recursal. *In casu*, foi impetrada indevidamente a ordem como substitutiva de recurso ordinário. **2. A retenção dolosa de salário, conquanto tenha sido prevista no art. 7º, X da Constituição Federal como crime, ainda ressente-se da necessária lei, criando o tipo penal respectivo. 3. Também não há como subsumir a conduta à apropriação indébita (art. 168 do Código Penal), porque o numerário ao qual o empregado tem direito, até que lhe seja entregue, em espécie ou por depósito, é de propriedade da empresa (empregador), não havendo se falar, então, em inversão da posse, necessária para a tipicidade do crime. 4. O administrador da empresa, ao assim agir, não pratica fato típico previsto no art. 168 do Código Penal. Talvez por isso tenha o legislador constituinte feito a previsão mencionada, mas ainda sem eficácia, ante a omissão legislativa.** 5. *Writ* não conhecido, mas concedida a ordem, *ex officio*, para trancar a ação penal por atipicidade, ficando prejudicada a inépcia da denúncia e a alegação de que a paciente não seria administradora da pessoa jurídica.(STJ Habeas Corpus HC 177508 PB 2010/0118366-6, 6ª Turma, Relatora Ministra MARIA THEREZA DE ASSIS MOURA DJ 26.08.2013)(30) (grifos nossos)

O mesmo pode se dizer em relação aos direitos garantidos nos seguintes incisos do art. 7º da Constituição de 1988: garantia de "proteção do mercado de trabalho da mulher, mediante incentivos específicos, nos termos da lei" (inciso XX), adicional de remuneração para as atividades penosas (inciso XXIII), "proteção em face de automação, na forma da lei" (inciso XXVII).

Para Jorge Miranda

> Os direitos sociais abrangem tanto a educação, a saúde, o trabalho, o lazer, a segurança, a previdência social, a proteção à maternidade e à infância e a assistência aos desempregados como os direitos dos trabalhadores atinentes à segurança do empregado, ao salário,

---

(29) LOBATO, Anderson Orestes Cavalcante, *op. cit.*, 2004. p. 24.

(30) BRASIL. Superior Tribunal de Justiça. Habeas Corpus HC 177508 PB 2010/0118366-6, 6ª Turma, Relatora Ministra MARIA THEREZA DE ASSIS MOURA DJ 26/08/2013. Disponível em: < https://stj.jusbrasil.com.br/jurisprudencia/24135975/habeas-corpus-hc-177508-pb-2010-0118366-6-stj> Acesso em: fev. 2017.

à associação sindical, à greve e à participação (arts. 6º ao 11º). No que é, por certo, a mais grave deficiência do texto constitucional, só muito depois surge a 'ordem social' (arts. 193º a 232º), evidentemente indissociável dos direitos sociais, mesmo quando se traduz em garantias institucionais e incumbências do Estado. Dominam aqui as normas programáticas, muitas delas de difícil cumprimento até a longo prazo, pelo menos da mesma maneira num país tão diversificado como o Brasil (e cuja estrutura federativa deveria recomendar maior plasticidade).[31]

Interessante a observação crítica de John D. French, historiador americano, que toca no problema da eficácia das normas contidas na Consolidação das Leis do Trabalho e na proliferação de normas no ordenamento jurídico brasileiro:

> Para um historiador do trabalho acostumado com os Estados Unidos, uma primeira leitura da CLT decididamente produz um reação curiosa. Fica-se imediatamente atônito diante da extraordinária liberalidade com a qual a CLT estabelece direitos e garantias para os trabalhadores urbanos e suas organizações. Se o mundo do trabalho de fato funcionasse de acordo com a CLT, o Brasil seria o melhor lugar do mundo para se trabalhar. E se metade da CLT fosse mesmo cumprida, o Brasil ainda seria um dos lugares mais decentes e razoavelmente humanos para aqueles que trabalham em todo o mundo.[32]

A primeira grande mudança no texto de 1988 foi a posição reservada para os direitos trabalhistas. Nas ordens constitucionais anteriores, a matéria era tratada no capítulo intitulado "Da ordem econômica e social", que ficava no final do texto constitucional.

Daniel Sarmento sublinha que a forma de organização do texto da Constituição de 1988 é reveladora de algumas prioridades:

> Se as constituições brasileiras anteriores iniciavam pela estrutura do Estado, e só depois passavam aos direitos fundamentais, a Constituição de 88 faz o contrário: consagra inicialmente os direitos e garantias fundamentais – no segundo título, logo depois daquele dedicado aos princípios fundamentais – só voltando-se depois disso à disciplina da organização estatal. Esta inversão topológica não foi gratuita. Adotada em diversas constituições europeias do pós-guerra, após o exemplo da Lei Fundamental alemã de 1949, ela indica o reconhecimento da prioridade dos direitos fundamentais nas sociedades democráticas.[33]

Os direitos e garantias fundamentais compõem o título II da Constituição da República brasileira de 1988, subsequente apenas ao título que traça os princípios fundamentais do próprio Estado. Esse título divide-se em cinco capítulos, dos quais apenas o último, a tratar dos partidos políticos, não se refere diretamente ao homem, mas a um dos caminhos a ser por ele utilizado para o exercício de sua cidadania.

Hoje, a visualização de onde estejam os direitos dos trabalhadores na "geografia" constitucional é bastante clara: o Título II da Constituição de 1988 trata "Dos Direitos e Garantias Fundamentais". Dentro deste título está o Capítulo II, chamado "Dos Direitos Sociais".

> O interesse público e social na proteção dos direitos trabalhistas fica claro quando se constata que os direitos trabalhistas estão inseridos no Capítulo II do Título II – Dos Direitos e Garantias Fundamentais, da Constituição Federal brasileira. Os direitos trabalhistas se manifestam como de ordem pública, igualmente, a partir do *caput* do art.7º da CF, que estabelece que os direitos laborais atendem ao princípio da melhoria da condição social.[34]

Quis o constituinte demonstrar que os direitos trabalhistas têm grande importância, razão pela qual, diferentemente do que ocorria nas outras ordens constitucionais, foram colocados no início da nova Carta, em local de destaque.

Percebemos assim que o art. 7º da Constituição de 1988, principal dispositivo a tratar de normas relativas a direito do trabalho, é direito social e, portanto, direito fundamental. Para Kátia Magalhães Arruda

---

(31) MIRANDA, Jorge, *op. cit.*, 1997. t. I, p. 232.
(32) FRENCH, John D. *Afogados em leis*: A CLT e a cultura política dos trabalhadores brasileiros. São Paulo: Perseu Abramo, 2001. p. 14-15.
(33) SARMENTO, Daniel. *op. cit.* 2010. p. 104.
(34) CASTELO, Jorge Pinheiro. *O direito material e processual do trabalho e a pós-modernidade*: a CLT, o CDC e as repercussões do Novo Código Civil. São Paulo: LTr, 2003. p. 243.

É inegável a evolução trazida do ponto de vista de enquadramento dos direitos trabalhistas no elenco de direitos fundamentais, no entanto, a reflexão sobre o aspecto de 'leis inovadoras' mostra que a Constituição limitou-se a constitucionalizar ou ampliar direitos já existentes nas diversas leis esparsas e na CLT – Consolidação das Leis do Trabalho e reconhecer direitos largamente utilizados na realidade laboral cotidiana, confirmando a veracidade do conhecido princípio trabalhista da primazia da realidade.[35]

Notamos também, por meio do estudo do lugar escolhido pelo constituinte de 1988 para tratar dos direitos sociais, que a disposição do § 1º do art. 5º da Constituição[36] abrange todo o título atinente aos direitos e garantias fundamentais. Empós isso, basta lembrar que o trabalho está elencado como direito social no *caput* do art. 6º da Carta Magna, razão porque os direitos e garantias a ele atinentes também possuem aplicação imediata.

Importante ressaltar que a doutrina brasileira é pacífica no sentido de ratificar que, por disposição constitucional expressa (§ 1º do art. 5º da Constituição), as normas definidoras dos direitos e garantias fundamentais têm aplicação imediata. Quanto a isso, afirma Evanna Soares que

> Considerando que a Constituição se situa no topo da escala normativa, a inserção constitucional desses direitos lhes confere a própria supremacia da Constituição, notadamente a rigidez, de sorte que não podem ser desfigurados ou modificados pelo processo legislativo ordinário.[37]

3. CONSIDERAÇÕES FINAIS

O estudo do pensamento constitucional brasileiro e de sua trajetória em relação aos direitos dos trabalhadores permite concluir que as Constituições brasileiras seguiram as tendências dominantes no cenário jurídico mundial de suas épocas.

Embora o Brasil ainda não tenha atingido um patamar ideal no que diz respeito à efetividade das normas definidoras de direitos trabalhistas, há de se reconhecer que houve grande evolução no reconhecimento e na normatização desses direitos desde a primeira Constituição brasileira em 1824.

A evolução do pensamento constitucional brasileiro quanto aos direitos cujos destinatários são trabalhadores, reflete diretamente a realidade e o momento político de uma época. Assim, por exemplo, há de se levar em consideração que em 1824 o Brasil era um império e ainda vigia o sistema escravocrata. Em razão disso, não havia relevância de uma Constituição tratar de direitos dos trabalhadores, tendo a Constituição de 1824 se limitado a abolir as corporações de ofício.

O período de maior significância para o direito do trabalho em termos de criação de normas jurídicas voltadas para os trabalhadores foi uma parte da chamada *Era Vargas*, que compreende o período de 1930 até 1945.

O estudo das cartas constitucionais brasileiras demonstra de maneira clara a evolução do pensamento constitucional brasileiro e do próprio direito do trabalho nacional, que passou num espaço de 164 (cento e sessenta e quatro) anos (1824 a 1988) da situação de inexistência de normas jurídicas voltadas para direitos dos trabalhadores para a situação de elevação dos direitos dos trabalhadores ao *status* de direitos fundamentais.

A Constituição de 1988 trouxe inúmeros avanços tanto em termos do estudo da teoria da democracia quanto relativamente aos direitos trabalhistas e continua a ser um marco para o Direito do Trabalho brasileiro.

A primeira grande mudança no texto de 1988 foi a posição reservada para os direitos trabalhistas. Nas ordens constitucionais anteriores, a matéria era tratada no capítulo intitulado "Da ordem econômica e social", que ficava no final do texto constitucional.

Na Constituição vigente, a visualização de onde estejam os direitos dos trabalhadores na "geografia" constitucional é bastante clara: o Título II da Constituição de 1988 trata "Dos Direitos e Garantias Fundamentais". Dentro deste título está o Capítulo II, chamado "Dos Direitos Sociais".

Quis o constituinte demonstrar que os direitos trabalhistas têm grande importância, razão pela qual, diferentemente do que ocorria nas outras ordens constitucionais, foram colocados no início da nova Carta, em local de destaque. O art. 7º da Constituição de 1988, principal dispositivo a tratar de normas relativas a direito do trabalho, é direito social e, portanto, direito fundamental.

Embora passível de críticas, a Constituição de 1988 foi a que melhor tratou do tema dos direitos dos

---

(35) ARRUDA, Kátia Magalhães. *Direito Constitucional do Trabalho*: sua eficácia e o impacto do modelo neo-liberal. São Paulo: LTr, 1998. p. 34-35.
(36) Art. 5º, § 1º da CF/1988: "As normas definidoras dos direitos e garantias fundamentais têm aplicação imediata."
(37) SOARES, Evanna. *Ação ambiental trabalhista*. Porto Alegre: Sergio Antonio Fabris Editor, 2004. p. 39.

trabalhadores, tanto quantitativamente (o que se percebe da leitura dos trinta e quatro incisos do art. 7º e das demais disposições espalhadas pela Constituição a tratar do tema trabalho) quanto qualitativamente (ao alçar os direitos dos trabalhadores ao "status" de direitos fundamentais).

4. REFERÊNCIAS BIBLIOGRÁFICAS

ARRUDA, Kátia Magalhães. *Direito Constitucional do Trabalho*: sua eficácia e o impacto do modelo neo-liberal. São Paulo: LTr, 1998.

BRASIL. *Consolidação das Leis do Trabalho*. 46. ed. São Paulo: LTr, 2016.

BRASIL. Superior Tribunal de Justiça. *Habeas Corpus* HC 177508 PB 2010/0118366-6, 6ª Turma, Relatora Ministra MARIA THEREZA DE ASSIS MOURA DJ 26.08.2013. Disponível em: <https://stj.jusbrasil.com.br/jurisprudencia/24135975/habeas-corpus-hc-177508-pb-2010-0118366-6-stj> Acesso em: fev. 2017.

BALEEIRO, Aliomar. *Constituições Brasileiras: 1891*. Brasília: Senado Federal e Ministério da Ciência e Tecnologia, Centro de Estudos Estratégicos, 1999.

_____ ; LIMA SOBRINHO, Barbosa. *Constituições Brasileiras: 1946*. Brasília: Senado Federal e Ministério da Ciência e Tecnologia, Centro de Estudos Estratégicos, 1999.

CASTELO, Jorge Pinheiro. *O direito material e processual do trabalho e a pós-modernidade*: a CLT, o CDC e as repercussões do Novo Código Civil. São Paulo: LTr, 2003.

FERRARI, Irany et. al. *História do trabalho, do direito do trabalho e da justiça do trabalho*. São Paulo: LTr, 1998.

FRENCH, John D. *Afogados em leis:* A CLT e a cultura política dos trabalhadores brasileiros. São Paulo: Perseu Abramo, 2001.

LOBATO, Anderson Orestes Cavalcante. Os direitos humanos na Constituição brasileira: os desafios da efetividade. In: MALUSCHKE, Gunther e outros (Org.). *Direitos humanos e violência*: desafios da ciência e da prática. Fortaleza: Fundação Konrad Adenauer, 2004.

MIRANDA, Jorge. *Manual de Direito Constitucional*. 6. ed. Coimbra: Coimbra, 1997. t. I.

NASCIMENTO, Amauri Mascaro. *Curso de Direito do Trabalho*. 19. ed. São Paulo: Saraiva, 2004.

NOGUEIRA, Octaciano. *Constituições Brasileiras: 1824*. Brasília: Senado Federal e Ministério da Ciência e Tecnologia, Centro de Estudos Estratégicos, 1999.

POLETTI, Ronaldo. *Constituições Brasileiras: 1934*. Brasília: Senado Federal me Ministério da Ciência e Tecnologia, Centro de Estudos Estratégicos, 1999.

PORTO, Walter Costa. *Constituições Brasileiras: 1937*. Brasília: Senado Federal e Ministério da Ciência e Tecnologia, Centro de Estudos Estratégicos, 1999.

ROMITA, Arion Sayão. *Os direitos sociais na Constituição e outros estudos*. São Paulo: LTr, 1991.

_____. *O fascismo no direito do trabalho brasileiro*: influência da *Carta del Lavoro* sobre a legislação trabalhista brasileira. São Paulo: LTr, 2001.

SARMENTO, Daniel. *Por um constitucionalismo inclusivo*: história constitucional brasileira, teoria da Constituição e direitos fundamentais. Rio de Janeiro: Lumen Juris, 2010.

SOARES, Evanna. *Ação ambiental trabalhista*. Porto Alegre: Sergio Antonio Fabris Editor, 2004.

STRECK, Lenio Luiz. *Jurisdição constitucional e hermenêutica*: uma nova crítica do direito. 2. ed. Rio de Janeiro: Forense, 2004.

SÜSSEKIND, Arnaldo. *Direito Constitucional do Trabalho*. 3. ed. Rio de Janeiro: Renovar, 2003.

O DEVER DE MOTIVAÇÃO NA DESPEDIDA À LUZ DO DEVIDO PROCESSO LEGAL

SILVIA ISABELLE RIBEIRO TEIXEIRA DO VALE
Juíza do Trabalho no TRT da 5ª Região. Membro do Conselho da Escola Judicial do TRT da 5ª Região e da Escola Associativa da AMATRA5. Membro do Conselho editorial da Revista Eletrônica do TRT5 e da Revista Vistos etc. Especialista em Direito Processual Civil e do Trabalho – Universidade Potiguar. Mestre em Relações Sociais e Novos Direitos pela Universidade Federal da Bahia – UFBA. Doutoranda pela PUC/SP. Professora de Direito e Processo do Trabalho em Cursos de Pós-Graduação *lato sensu* da Faculdade Baiana de Direito, da FTC, UFBA,CERS, EMATRA5 e da Escola Judicial do TRT da 5ª Região. Ex-Professora da Universidade Potiguar (RN) e da UFRN. Diretora de Direitos Humanos e Cidadania da AMATRA5, biênio 2015/2017.

1. INTRODUÇÃO

Passados quase trinta anos da promulgação da Constituição de 1988, é lamentável que alguns dos Direitos Fundamentais Sociais ainda pendam de "regulamentação" pelo Poder Legislativo. A solução para a inércia legislativa pode e deve passar pela nova missão que se apresenta ao Poder Judiciário, vez que está vinculado objetivamente ao Texto Constitucional, em um contexto pós-positivista.

O art. 7º, I, do Texto Constitucional é um dos dispositivos mais debatidos desde a formação da Assembleia Nacional Constituinte, que ofertou a redação tal como se vê no rol dos Direitos Fundamentais trabalhistas. A inércia do Estado-Legislador é evidente e as soluções para esse hiato são várias, a exemplo da interpretação pela autoexecutoriedade da primeira parte do referido dispositivo constitucional, que, na verdade, é direito de liberdade e não prestacional; ou, até, a exegese segundo a qual despedir de forma vazia o empregado é ato antijurídico, pois assim já restou disposto pela Constituição.

O presente trabalho, sem desprezar as soluções exemplificadas, intenta apresentar mais uma via de possibilidade para a aplicação da regra da proibição ao arbítrio: o devido processo legal aplicado à relação privada de emprego, já que o trabalhador é um cidadão e esse direito laboral inespecífico lhe é aplicável.

2. EFICÁCIA DOS DIREITOS FUNDAMENTAIS NA RELAÇÃO DE EMPREGO

Embora o art. 5º, § 1º, do Texto Constitucional não discrepe em relação à eficácia dos Direitos Fundamentais – se o destinatário pode ser o particular ou não –, assegurando que todos eles, sejam defensivos ou prestacionais, de liberdade ou sociais, possuem aplicação imediata, ainda se discute demasiadamente sobre o alcance do indigitado regramento. A doutrina e jurisprudência trabalhistas ainda não possuem um bom desenvolvimento sistemático acerca da aplicação dos Direitos Fundamentais na relação privada de emprego, embora muito se decida no cotidiano nesse sentido.

É bastante observar, por exemplo, que sempre que se decide que um determinado empregador não pode praticar revista íntima ou nos pertences dos seus respectivos empregados, está a se dizer, em síntese, que o direito à intimidade ou privacidade é resguardado na relação privada de emprego, efetuando-se uma ponderação entre tal direito fundamental e a livre iniciativa no caso concreto e quando há procedência no pedido indenizatório, em palavras mais técnicas, quer-se dizer que a livre iniciativa não é princípio absoluto, podendo ser restringido quando em colisão com o direito à intimidade, e que o peso desta é maior na relação privada de emprego, diante da assimetria decorrente do poder social do empregador.

A análise passa, necessariamente – embora habitualmente não se diga – pelos testes prévios da proporcionalidade, como a adequação (o meio – revista íntima ou nos pertences – era adequado a se coibir apropriações indébitas no ambiente de trabalho?) e a necessidade (havia outro meio menos agressivo para o alcance da finalidade?), para se chegar ao resultado procedência ou improcedência do pleito indenizatório, mas normalmente a argumentação não preza pela técnica e passa logo para o juízo de proporcionalidade, embora intrinsecamente se diga exatamente o que foi sinteticamente analisado.

A relação de emprego é, antes de tudo, uma relação de poder, constituída em torno da assimetria[1], firmada na contratação entabulada entre empregado e empregador, e tal realidade justifica a aplicação forte dos Direitos Fundamentais nesse tipo de relação havida entre particulares[2].

Vale dizer, diante da concepção dos Direitos Fundamentais como ordem de valores, há irradiação de efeitos dos mesmos para todos os âmbitos da sociedade, inclusive para as relações travadas entre particulares "iguais", e no caso da relação de emprego, o poder social e econômico que lhe é próprio justifica e estimula a aplicação dos aludidos direitos de forma direta e imediata[3], embora se reconheça que o problema não é assim tão facilmente resolvido, tendo-se que na relação de emprego ambos os pactuantes são titulares de Direitos Fundamentais (normalmente a "colisão" é firmada da seguinte forma: livre iniciativa *versus* direito à cidadania ou personalidade) e essa questão somente poderá ser resolvida, concretamente, segundo a técnica da ponderação de princípios constitucionais, com os olhos do examinador voltados para a concordância prática entre os mesmos, elaborando-se um juízo de ponderação, constituído em torno da análise da adequação, necessidade e proporcionalidade em sentido estrito.

Se é certo que o poder social próprio da relação de emprego justifica a penetração de todos os Direitos Fundamentais nesse tipo de relação privada, não menos correto é afirmar que essa mesma assimetria serve como peso para definir o alcance ou limitação da autonomia do empregador na supressão ou diminuição dos Direitos Fundamentais do empregado.

Com isso, não se quer afirmar que sempre haverá a mesma solução para o caso de colisão de Direitos Fundamentais na relação de emprego. Aqui vale a advertência já perpetrada por Alexy[4], segundo a qual a lei de colisão é firmada quando há afronta de um princípio constitucional em face de outro princípio constitucionalmente previsto, mas o resultado sempre dependerá

---

(1) Assim também doutrina Carlos Henrique Bezerra Leite: "No âmbito das relações de trabalho, especificamente nos sítios da relação empregatícia, parece-nos não haver dúvida a respeito da importância do estudo da eficácia horizontal dos direitos fundamentais, mormente em razão do poder empregatício (disciplinar, diretivo e regulamentar) reconhecido ao empregador (CLT, art. 2º), o qual, por força dessa relação assimétrica, passa a ter deveres fundamentais em relação aos seus empregados" (Eficácia horizontal dos Direitos Fundamentais na relação de emprego. In: *Revista Brasileira de Direito Constitucional*, n. 17 – p. 33-45, jan./jun. 2011. Disponível em: <http://www.esdc.com.br/RBDC/RBDC-17/RBDC-17-033-Artigo_Carlos_Henrique_Bezerra_Leite_Eficacia_Horizontal_dos_Direitos_Fundamentais_na_relacao_de_Emprego.pdf>. Acesso em: 4 fev. 2017.

(2) "Convém destacar que um dos fatores primordiais que deve ser considerado nas questões envolvendo a aplicação dos direitos fundamentais nas relações entre particulares é a existência e o grau da desigualdade fática entre os envolvidos. Em outras palavras, quanto maior for a desigualdade, mais intensa será a proteção ao direito fundamental em jogo, e menor a tutela da autonomia privada. Ao inverso, numa situação de tendencial igualdade entre as partes, a autonomia privada vai receber uma proteção mais intensa, abrindo espaço para restrições mais profundas ao direito fundamental com ela em conflito". (SARMENTO, Daniel. *Direitos Fundamentais e relações privadas*. 2. ed. Rio de Janeiro: Lumen Juris, 2006. p. 261).

(3) À mesma conclusão chegou Andrea Presas Rocha (A eficácia dos Direitos de Cidadania nas relações de emprego – em defesa de uma eficácia direta. In: ALMEIDA, Renato Rua de (Coord.).; CALVO, Adriana; ROCHA, Andrea Presas (Orgs.). *Direitos Fundamentais aplicados ao Direito do Trabalho*. São Paulo: LTr, 2010. p. 29-46), verificando que: "tendo como elemento a subordinação jurídica, a relação de emprego distribui desigualdade, entre trabalhador e empregador, os poderes econômico e social, pondo o trabalhador em situação de sujeição em face do poder diretivo do empregador. Pela sua própria natureza, é, pois, a relação de emprego, ambiente propício a que a liberdade e os direitos individuais do trabalhador seja vulnerados. Cuidando-se, assim, de relação *manifestamente desigual*, conclui-se que a *vinculação do empregador* aos direitos fundamentais é direta e imediata, inclusive no atinente aos denominados *direitos fundamentais de cidadania*." Em sentido idêntico, a doutrina de Hermano Queiroz Júnior (*op. cit.*, p. 141) assevera que: "além da vinculação dos tomadores de serviço decorrer diretamente da circunstância de o Texto Constitucional lhes cometer, imediatamente, a obrigação de respeito ao mínimo dos direitos fundamentais previstos, a eficácia horizontal dos direitos fundamentais dos trabalhadores deflui igualmente do fato de a relação de trabalho se caracterizar por sua natureza manifestamente desigual, na medida em que estabelecida entre os detentores de algum, ou muito, poder econômico-social de um lado, o tomador de serviço e de indivíduos quase que totalmente desvestidos de parcelas de poder do outro, o trabalhador".

(4) ALEXY, Robert. *Teoria dos direitos fundamentais*. Tradução de Virgílio Afonso da Silva. São Paulo: Melheiros. 2008. p. 164-165.

de circunstâncias presentes no caso concreto, que serão analisadas topicamente, tendo-se que todos os princípios são analisados e válidos *prima facie*, não havendo precedência absoluta de um em relação ao outro.

Perceba-se, inclusive, que não se fala em eficácia horizontal porque a relação de emprego não é horizontal, as partes não estão no mesmo patamar[5]. Ao revés, há uma verticalidade entre empregador e empregado, tendo-se que este se submete às regras firmadas unilateralmente por aquele, que é detentor de "poder" diretivo, podendo, inclusive, aplicar a pena capital, que é a resilição contratual.

Em decisão paradigmática, já decidiu a 2ª Turma do Supremo Tribunal Federal, em 1996, sobre a incidência dos Direitos Fundamentais nas relações privadas, no Recurso Extraordinário n. 161.243-6/DF, onde foi Relator o Ministro Carlos Mário Velloso. Na lide analisada, o empregado brasileiro da Air France pretendia o reconhecimento de direitos trabalhistas assegurados no Estatuto do Pessoal da Empresa, tendo o tribunal acolhido a pretensão com fulcro no princípio da igualdade:

> CONSTITUCIONAL. TRABALHO. PRINCÍPIO DA IGUALDADE. TRABALHADOR BRASILEIRO EMPREGADO DE EMPRESA ESTRANGEIRA: ESTATUTOS DO PESSOAL DESTA: APLICABILIDADE AO TRABALHADOR ESTRANGEIRO E AO TRABALHADOR BRASILEIRO. CF, 1967, art. 153, § 1º, CF, 1988, art. 5º, *caput*.
>
> I – Ao recorrente, por não ser francês, não obstante trabalhar para empresa francesa, no Brasil, não foi aplicado o Estatuto do Pessoal da Empresa, que concede vantagens aos empregados, cuja aplicabilidade seria restrita ao empregado de nacionalidade francesa. Ofensa ao princípio da igualdade: (CF, 1967, art. 153, § 1º, CF, 1988, art. 5º, *caput*)
>
> II – a discriminação que se baseia em atributo, qualidade, nota intrínseca ou extrínseca do indivíduo, como o sexo, a raça, a nacionalidade, o credo religioso, etc., é inconstitucional. Precedente do STF: Ag 110.846 (AgRg) – PR, Célio Borja, RTJ 119/465.[6]

O grande problema da eficácia dos direitos fundamentais nas relações privadas não se limita à filiação à tese da eficácia mediata[7] ou imediata[8], já que a Constituição Federal de 1988 em seu art. 5º, § 1º assegurou o princípio da máxima eficácia dos Direitos Fundamentais, não discriminando se tal eficácia seria em desfavor do Estado ou dos particulares, ou se estes seriam vinculados de forma negativa ou positiva aos aludidos Direitos. Assim, toda a problemática da dita eficácia dos diretos fundamentais nas relações particulares é questão de colisão de interesses constitucionalmente assegurados, pois, topicamente, o problema será o contraponto entre dois princípios fundamentais que, no fim, garantem ou se elevam com o próprio princípio constitucional da autonomia privada[9].

Tendo-se as teorias aludidas, força é concluir que não há um modelo que isoladamente acarrete perfeição,

---

(5) Em obra inovadora, Gamoral (GAMORAL C. Sérgio. *Cidadania na Empresa e Eficácia Diagonal dos Direitos Fundamentais*. São Paulo: LTr, 2011) defende que esse tipo de eficácia é diagonal.

(6) Informativo STF n. 197.

(7) Segundo a teoria da eficácia mediata ou indireta, inicialmente formulada por Günter Dürig (DÜRIG, Günter. Direitos fundamentais e jurisdição civil. Tradução de Luís Afonso Heck, *in Direitos Fundamentais e Direito Privado*. Textos clássicos. HECK, Luiz Afonso (Org.). Porto Alegre: Sergio Antonio Fabris Editor, 2012), em 1956, e utilizada pelo famoso caso Lüth, em 1958, os Direitos Fundamentais não incidem nas relações privadas como direitos subjetivos constitucionais, mas, sim, como normas objetivas, ou como sistema de valores. Assim sendo, toda essa ordem axiológica "está condicionada à mediação concretizadora do legislador de direito privado, em primeiro plano, e do juiz e dos tribunais em segundo plano" (STEINMETZ, Wilson. *A vinculação dos particulares a direitos fundamentais*. São Paulo: Malheiros, 2004. p. 137), cabendo ao legislador "o desenvolvimento 'concretizante' dos direitos fundamentais por meio da criação de regulações normativas específicas, que delimitem o conteúdo, as condições de exercício e o alcance desses direitos nas relações entre particulares" (idem), e ao Poder Judiciário, na análise do caso concreto e diante da inércia do legislador, compete "dar eficácia às normas de direitos fundamentais por meio da interpretação e aplicação dos textos de normas imperativas de direito privado" (idem). É dizer, os conceitos jurídicos indeterminados e as cláusulas abertas do Direito Privado serviriam como uma via através da qual os Direitos Fundamentais penetrariam, mas sempre com a dimensão de valores e não como direitos subjetivos, pois estes somente teriam como destinatário o Estado, jamais os particulares, mediatamente vinculados ao texto fundamental.

(8) De acordo com a teoria da eficácia direta ou imediata dos Direitos Fundamentais, também conhecida como teoria monista (MAC CROIE, Benedita Ferreira da Silva. *A vinculação dos particulares aos direitos fundamentais*. Coimbra: Almedina, 2005. p. 21), todos estes direitos, por serem concebidos segundo a sua subjetividade, têm como destinatário o Estado e também os particulares, principalmente se a entidade privada detém um poder privado ou social, mas todos os seus defensores possuem sempre um argumento em comum, constituído em torno da necessidade de ponderação no caso concreto com o princípio da autonomia privada, tendo-se que este é um princípio reconhecidamente constitucional. Isso porque a conclusão acerca da permeação direta dos Direitos Fundamentais nas relações privadas atenta sempre para o fato de que esse tipo de fenômeno não se dá da mesma forma em que ocorre quando o destinatário é o Estado, sendo necessária uma ponderação de princípios que informam o caso concreto.

(9) Desse raciocínio discrepa Virgílio Afonso da Silva (SILVA, Virgílio Afonso da. *A constitucionalização do Direito*. Os direitos fundamentais nas relações entre particulares. 1. ed. São Paulo: Malheiros, 2011. p. 158 e ss.), por acreditar que o princípio da autonomia privada não é sopesado com Direitos Fundamentais, pois aquele é mero princípio formal e estes, como princípios – mandamentos de otimização, portanto – que são, devem sempre ser tidos em sua máxima eficácia, não havendo razão para a não sua observância no âmbito privado.

sendo viável a combinação de modelos. Assim, diante da dimensão objetiva própria dos Direitos Fundamentais, estes se irradiam para todo o ordenamento jurídico, vinculando todos os Poderes Públicos e também os particulares, mas, quando há conflito entre a livre iniciativa e qualquer outro Direito Fundamental cujo titular é o empregado, a solução da ponderação de interesses não pode desprezar que o Legislador tem o dever de prever a respectiva conduta, diante do dever de proteção que lhe é próprio. Em um segundo momento, em não havendo lei a regulamentar e resolver o conflito, cabe ao Judiciário aplicar diretamente a Constituição para a resolução do caso concreto, tendo-se que este Poder também é vinculado aos Direitos Fundamentais de forma objetiva, sendo seu também o dever de salvaguardar tais direitos. Daí a importância da concepção de Direitos Fundamentais como princípios e estes como normas jurídicas.

A junção de modelos rebate completamente o argumento contrário à tese da eficácia direta dos Direitos Fundamentais nas relações privadas, no tocante à maximização dos poderes do Juiz, pois permite que o Legislador cumpra o seu mister constitucional, protegendo os Direitos Fundamentais, mas, quando este resta inerte, o Estado-Juiz é instado a agir, pois é tão objetivamente vinculado aos Direitos Fundamentais quando o Legislador, não podendo simplesmente detectar que há um claro na Legislação, sem qualquer resolução para o caso concreto. Agindo assim, o Juiz será tão inerte quanto o Legislador, descumprindo o seu dever de guardião dos Direitos Fundamentais, protegendo também tais direitos de forma insuficiente[10].

3. O DIREITO À INFORMAÇÃO E DEVIDO PROCESSO LEGAL COMO DIREITOS LABORAIS INESPECÍFICOS

Durante muitos séculos, as relações firmadas entre tomadores e prestadores de serviços tiveram como pano de fundo as normas civis, baseadas na plena igualdade das partes, paradigma que somente foi modificado com a ultrapassagem do Estado Liberal para o Estado Social.

Nesse passo, o constitucionalismo passou, a partir da Constituição mexicana de 1917, de Weimar, de 1919, e, por que não dizer, com a Constituição brasileira de 1934, a prever direitos laborais específicos, inaugurando, assim, um modo intervencionista de o Estado se apresentar.

Os direitos laborais específicos mereceram, na Constituição Federal de 1988, lugar de honra[11], sendo eles cobertos pelo manto protetivo das cláusulas pétreas, não podendo haver modificação no Texto constitucional de forma retrocessiva.

O ambiente da relação de emprego, com evidente poder social concentrado unicamente nas mãos do empregador, é um sítio propício ao exercício de determinados Direitos Fundamentais que, embora não postos no capítulo destinado na Constituição aos direitos trabalhistas, funcionam como se laborais fossem, diante da penetração direta que possuem na relação privada: o vínculo de emprego.

Isso ocorre porque, quando o empregado se vincula à contratação empregatícia, malgrado a subordinação tida como própria ao liame, não se despe de seus direitos de personalidade[12]. Ao revés, tais direitos devem não só ser respeitados pelo empregador, mas também por este estimulado, a fim de que o meio ambiente de trabalho não se torne um círculo de adoecimento ou, até mesmo, um refúgio à margem dos Direitos Fundamentais.

É dizer, todos os Direitos Fundamentais classicamente conhecidos como direitos de primeira geração, ou direitos de cidadania, aqui também entendidos como direitos laborais inespecíficos, permeiam o contrato de emprego, amalgamando-se aos direitos laborais e constitucionais específicos, para que todos os direitos da pessoa humana também sejam observados ao cidadão-trabalhador.

À mesma conclusão chegou o Tribunal Constitução espanhol, que no dia 10.04.2000 julgou o Recurso de Amparo n. 4.015/1996, apresentado por Don Santiago Idazábal Gómez (representante do Comitê de Empresa) frente à Sentença da Sala Social do Tribunal Superior

---

(10) Paula Sarno Braga (BRAGA, Paula Sarno. *Direitos fundamentais como limites à autonomia privada*. Salvador: Editora JusPodivm, 2008. p. 143-145), afirmando que o ordenamento jurídico brasileiro incorporou a tese ora sustentada, combinando os deveres de proteção e a eficácia direta dos Direitos Fundamentais nas relações privadas, concluiu que: "as atividades legislativa e judicial não se excluem. Complementam-se. Legislador e Juiz têm o poder de dar efetividade aos direitos fundamentais nas relações particulares. Tanto o legislador pode fazê-lo em tese, nas leis privadas, quanto o juiz, à luz do caso concreto. Se omisso o legislador, não pode o cidadão ser privado de uma decisão judicial que salvaguarde seus direitos humanos no litígio travado."

(11) Todo o capítulo II.

(12) Como já afirmou José João Abrantes (*Contrato de trabalho e direitos fundamentais*. Coimbra: Coimbra Editora, 2005. p. 61): "a conclusão de um contrato de trabalho não implica, de modo algum, a privação de direitos que a Constituição reconhece ao trabalhador *como cidadão*. Na empresa, o trabalhador mantém, em princípio, todos os direitos de que são titulares todas as outras pessoas."

de Justiça da Galícia. Este Tribunal modificou a decisão anterior, que havia declarado contrário à Constituição e, consequentemente, ofensivo aos Direitos Fundamentais, a instalação de microfones nas roletas francesas de um cassino, por considerar que este já possuía sistema fechado de segurança que captava som e imagem no ambiente de trabalho dos obreiros, sendo a atitude extremada ato que contrariava o princípio da proporcionalidade e invadia a esfera de intimidade pessoal, prevista no art. 18 da Constituição da Espanha.

Na Sentença n. 98/2000, disse o Tribunal Constituição espanhol que:

> a la vista de la doctrina sentada por este Tribunal, no puede admitirse que la resolución judicial objeto del presente recurso de amparo haya ponderado adecuadamente si en el presente caso se cumplieron los requisitos derivados del principio de proporcionalidad. De entrada, resulta inaceptable, como ya se dijo, la premisa de la que parte la Sentencia impugnada en el sentido de que los trabajadores no pueden ejercer su derecho a la intimidad en la empresa, con excepción de determinados lugares (vestuarios, servicios y análogos). Esta tesis resulta refutada por la citada doctrina del Tribunal Constitucional, que sostiene que la celebración del contrato de trabajo no implica en modo alguno la privación para una de las partes, el trabajador, de los derechos que la Constitución le reconoce como ciudadano, por más que el ejercicio de tales derechos en el seno de la organización productiva pueda admitir ciertas modulaciones o restricciones, siempre que esas modulaciones estén fundadas en razones de necesidad estricta debidamente justificadas por el empresario, y sin que haya razón suficiente para excluir a priori que puedan producirse eventuales lesiones del derecho a la intimidad de los trabajadores en los lugares donde se realiza la actividad laboral propiamente dicha[13].

Atribui-se a José João Abrantes a expressão "cidadania na empresa", explicando o referido autor que há determinados Direitos Fundamentais que não são especificamente laborais, mas devem ser exercidos por todos os trabalhadores, enquanto cidadãos, na empresa[14]. Ou seja, são direitos atribuídos "genericamente aos cidadãos, exercidos no quadro de uma relação jurídica de trabalho por cidadãos, que, ao mesmo tempo, são trabalhadores e que, por isso, se tornam verdadeiros direitos de matriz juslaborista, em razão dos sujeitos e da natureza da relação jurídica em que são feitos valer"[15].

Tais direitos laborais inespecíficos dos trabalhadores são os previstos para todos os cidadãos, sendo àqueles assegurados, dentre outros, como já asseverou Rua de Almeida, "o direito à personalidade, o direito à informação, o direito à presunção de inocência, o direito à ampla defesa e o direito ao contraditório"[16] e, poderia ser acrescentado, o direito à privacidade, intimidade e à liberdade religiosa.

A Constituição da República portuguesa prevê o direito à informação como direito laboral específico, dispondo em seu art. 54, 5, alínea *a*, sobre o direito à comissão de representação dos trabalhadores para a defesa dos interesses e intervenções democráticas na vida da empresa, assim como no art. 55, 6, do mesmo Diploma Legal, em relação aos representantes eleitos para o exercício da liberdade sindical[17], que nada mais é do que uma liberdade social.

Por seu turno, o Código do Trabalho português de 2009, em seu art. 338, proíbe terminantemente a despedida de empregado sem que haja uma justa causa para tanto, ou seja, há de ter, pelo menos, uma causa e esta deve ser justa, contemplando a necessidade de motivação no ato da despedida. Também se encontra no art. 353 do mesmo Código, referência ao direito de informação, quando este dispositivo assegura que, na despedida por justa causa, há a necessidade de o empregador comunicar a respectiva falta ao obreiro, por escrito, bem assim à comissão de trabalhadores, garantindo-se, dessa forma, a possível análise dos motivos da dispensa perante o Órgão Extrajudicial ou pelo Poder Judiciário.

A Constituição Federal de 1988 assegurou o direito à informação a todos os cidadãos em seu art. 5º, XIV e o direito ao devido processo legal no mesmo artigo, inciso LIV, e tais direitos, de cidadania que são, invadem o contrato de emprego, limitando a livre iniciativa, igualmente protegida pela Constituição (art. 170).

Vale dizer, a livre iniciativa não se constitui em direito constitucional absoluto, encontrando limites no

---

(13) Disponível em: <http://hj.tribunalconstitucional.es/HJ/docs/BOE/BOE-T-2000-9223.pdf>. Acesso em: 7 fev. 2014.

(14) *Op. cit.*, p. 60.

(15) *Op. cit.*, p. 60.

(16) Os direitos laborais inespecíficos dos trabalhadores. In: *Direitos laborais inespecíficos*. Os direitos gerais de cidadania na relação de trabalho. ALMEIDA, Renato Rua de (Coord.).; SUPIONI JUNIOR, Claudimir; SOBRAL, Jeana Silva (Orgs.) São Paulo: LTr, 2012. p. 09-13.

(17) Art. 55, 6, da Constituição de Portugal: "Os representantes eleitos dos trabalhadores gozam do direito à informação e consulta, bem como à protecção legal adequada contra quaisquer formas de condicionamento, constrangimento ou limitação do exercício legítimo das suas funções."

dever de informação e motivação, bem assim na própria cláusula do devido processo legal, que, na verdade, já contém aquele.

A cláusula do devido processo legal é aberta, "instituto de teor inexato, vago, indefinido"[18], contendo em si algumas garantias, como, por exemplo, o dever de informação e motivação das decisões[19], com o único fim de inibição do arbítrio[20].

Nas palavras da Ministra Carmen Lúcia, o devido processo legal é princípio basilar de qualquer Estado Democrático de Direito e entre nós está previsto no art. 5º, LIV, da CRFB/1988, sendo um conjunto de elementos jurídicos garantidores de direitos fundamentais, como: "a) direito de ser ouvido; b) direito ao oferecimento e produção de provas; c) direito a uma decisão fundamentada"[21].

É evidente que dita cláusula foi idealizada para coibir abusos estatais, mas o conceito evoluiu com o pensamento de que determinadas entidades possuem poderes privados próprios ou equivalentes ao Estado e, como tal, sofrem limitações para que não haja arbítrio nas suas decisões, sobretudo nas decisões que aplicam sanções.

Hodiernamente é correto se falar que os deveres de informação e motivação, decorrentes que são do devido processo legal, tido como cláusula abstrata[22], penetram nas relações particulares, sendo a relação de emprego um dos maiores campos para a sua aplicação, diante da assimetria existente entre empregado e empregador.

Ou seja, aliados aos direitos laborais específicos, previstos no Capítulo II da Constituição Federal de 1988, estão os direitos de cidadania, dentre os quais se destacam o direito de informação e motivação das decisões[23], corolários do devido processo legal.

Vecchi lança luzes sobre a necessidade de aplicação da cláusula do devido processo legal – tida por ele como um direito laboral inespecífico – na dispensa do empregado por motivo disciplinar, afirmando que a garantia constitucional incide diretamente na relação de emprego, impedindo que o empregado seja despedido por ato único do empregador, sem que possa apresentar defesa prévia, ou sequer apresentar seus motivos. Dessa forma:

> necessário se faz uma "filtragem constitucional" das noções antes tidas e "consagradas" sobre o poder empregatício, a fim de que esse poder se exerça não como um poder arbitrário e isolado dentro do contrato de trabalho, mas que se submeta aos ditames da ordem jurídica vigente. Afirmar que os direitos fundamentais e os princípios constitucionais são limites e condicionamentos ao exercício do poder disciplinar do empregador é afirmar que o ser humano é um fim em si, não um meio, sendo dotado de dignidade, bem como que o empregado não deixa de ser cidadão ao adentrar no "chão da fábrica"[24].

O Ordenamento Jurídico brasileiro, bem como a jurisprudência, vêm consagrando que tais direitos específicos aos cidadãos, mas, ainda inespecíficos[25] aos trabalhadores, permeiam as relações particulares, sobretudo quando tais desvelam um poder privado.

3.1. Motivação e devido processo legal para aplicação de penalidades: o paradigma estabelecido pelo código civil

O direito às decisões motivadas deriva da cláusula do devido processo legal e esta, por ser disposição

---

(18) BRAGA, Paula Sarno, op. cit., p. 180.

(19) Cf. PARIZ, Ângelo Aurélio Gonçalves. O princípio do devido processo legal. Direito fundamental do cidadão. Coimbra: Almedina, 2009. p. 130-138.

(20) Sobre a evolução da referida cláusula, veja-se a obra de: PEREIRA, Ruitemberg Nunes. O princípio do devido processo legal substantivo. Rio de Janeiro: Renovar, 2005.

(21) ROCHA, Carmem Lúcia Antunes. Devido processo legal. Revista de Informação Legislativa, ano 34, n. 136, 1997, p. 15.

(22) No dizer de Nelson Nery Junior: "bastaria a norma constitucional haver adotado o princípio do due process of law para que daí decorressem todas as consequências processuais que garantiriam aos litigantes o direito a um processo e a uma sentença justa. É, por assim dizer, o gênero do qual todos os demais princípios constitucionais do processo são espécies" (Princípios do processo civil na Constituição Federal. 7. ed. São Paulo: Revista dos Tribunais, 2002. p. 32).

(23) Paula Sarno Braga (op. cit., p. 181, 183, 193), analisando o alcance da cláusula do devido processo legal, assegura que desta decorre a necessidade de "decisões motivadas", ou "decisões fundamentadas".

(24) VECCHI, Ipojucan Demétrius. A eficácia dos direitos fundamentais nas relações privadas: o caso da relação de emprego. Rev. TST, Brasília, v. 77, n. 3, p. 111-135, jul./set. 2011.

(25) Eis a doutrina de Vecchi: "os direitos fundamentais inespecíficos são aqueles direitos não destinados de forma especial aos trabalhadores nas relações de trabalho ou de emprego, mas, sim, os direitos fundamentais que são destinados a qualquer pessoa humana, a qualquer cidadão. Como exemplos, podem ser citados os direitos à intimidade e vida privada, direito de expressão, liberdade religiosa, devido processo legal e direito à honra" (VECCHI, Ipojucan Demétrius. A eficácia dos direitos fundamentais nas relações privadas: o caso da relação de emprego. Rev. TST, Brasília, v. 77, n. 3, p. 111-135, jul./set. 2011).

aberta, também comporta o direito de informação, que nada mais é do que uma pequena parcela do *due process of law*, e toda essa gama de garantias invade as relações privadas, sobretudo a relação de emprego, onde há forte poder social.

O direito de informação, enquanto fundamental, igualmente decorre do princípio da boa-fé objetiva (CC, art. 422), permitindo que as partes convenentes possuam ciência contratual equivalente.

Há muito tempo doutrina e jurisprudência vêm admitindo a aplicação do devido processo legal nas relações privadas, mesmo que não haja previsão formal alguma nesse sentido no liame estabelecido entre as partes[26]. Isso ocorre, principalmente, por dois motivos: i) a referida cláusula é garantia constitucional fundamental e, como tal, é de observância obrigatória em todos os setores sociais, pois todo o aparato jusfundamental estabelecido na Constituição possui dimensão objetiva e efeito irradiante; ii) as relações privadas não podem servir de refúgio à penetração dos Direitos Fundamentais, sobretudo quando se tratam de pactuações eivadas de grande desequilíbrio entre as partes envolvidas, diante da existência de poder social.

Por pertinentes, eis a transcrição das palavras de Júlio Amaral:

> tal como ocorre nas relações jurídicas mantidas com os poderes públicos, os particulares também não podem afrontar os direitos fundamentais. A liberdade e a dignidade dos indivíduos são bens intangíveis, sendo certo que a autonomia da vontade somente poderá atuar até aquele lugar em que não haja ofensas ao conteúdo mínimo essencial desses direitos e liberdades. E isso não é diferente no âmbito de uma relação trabalhista[27].

Determinadas entidades privadas, a exemplo das associações, agremiações e entidades de classe, possuem poderes semelhantes ao Estado, como a faculdade de se fixar penalidades e aplicar sanções, inclusive com expulsão de seus integrantes.

Diante de tal poder privado, surge a necessária reflexão sobre a penetração da cláusula do devido processo legal nesse tipo de relação, sendo o direito à informação/motivação a micro parcela de tal cláusula, necessário à tutela maior, que é o acesso ao Poder Judiciário para que este possa analisar os motivos da aplicação da repriménda, elaborando até um juízo de razoabilidade[28].

3.1.1. Entidades associativas e sociedades

Sociedades e associações, segundo o art. 44 do Código Civil, são pessoas jurídicas de direito privado, sendo ambas a reunião de pessoas com objetivos comuns. Diferenciam-se as associações das sociedades, pois aquelas são formadas pela união de pessoas organizadas para fins não econômicos, ao passo que nas sociedades a finalidade do agrupamento humano é elaborada com objetivos econômicos e lucrativos (art. 966).

Tais entidades privadas, seguindo a diretriz constitucionalmente traçada acerca da liberdade associativa (CRFB/1988, art. 5º, XX), se organizam através da Lei e, principalmente, por meio de seus estatutos sociais, podendo estes prever regras de organização, funcionamento e comportamento da pessoa jurídica para com os seus membros e vice-versa.

Dentre as regras, os ditos estatutos podem instituir penalidades, ou sanções convencionais, devidas em caso de descumprimento de alguma regra estatutária ou legal, tais como advertências, multas, suspensões de direitos, ou, até mesmo a exclusão dos sócios/associados da entidade.

Nesse passo, é dever destas entidades privadas a observância do devido processo legal, constituído, entre outras garantias, pela necessária motivação do ato punitivo, para que assim a sanção possa eventualmente ser analisada pelo Estado-Juiz, ainda que não haja previsão estatutária nesse sentido.

Isso ocorre por que tal garantia fundamental, diante de sua dimensão objetiva, penetra diretamente nas relações particulares, encontrando o princípio da autonomia privada limitação na cláusula do *due process of law*.

---

[26] Perceba-se que na relação de emprego o TST admite o devido processo legal na relação privada, mas desde que tal peculiaridade tenha sido prevista em ato empresarial interno (Súmula n. 51), mas não como decorrente diretamente da Constituição. Tal entendimento deve ser revisto, diante da tese ora defendida, no sentido da incidência direta da cláusula do devido processo legal e outros direitos laborais inespecíficos na relação havida entre empregado e empregador.

[27] AMARAL, Júlio Ricardo de Paula. Os direitos fundamentais e a constitucionalização do Direito do Trabalho. *Revista do TRT – 9ª Região*, Curitiba ano 35, n. 65, jul./dez. 2010.

[28] Ruitemberg Nunes Pereira (*O princípio do devido processo legal substantivo*. Rio de Janeiro: Renovar, 2005. p. 238), após traçar detalhadamente a evolução do princípio do devido processo legal substantivo, afirma que "nenhum outro instituto simbolizou tanto essa viragem hermenêutica em busca do ideal de justiça, por meio da abertura constitucional e de sua tendência à observância de valores e princípios não propriamente positivados, quanto o instituto do devido processo legal em sua vertente material".

É dizer, se o exercício do princípio da autonomia privada permite a reunião de pessoas com a mesma finalidade, constituídas em torno de sociedade ou associação, tais entidades não podem agir de forma ilimitada e absoluta. Ao revés, devem guardar obediência a todos os Direitos Fundamentais, dentre os quais se destaca o processo devido e suas consequências, como o dever de informação de atos, motivação de decisões, contraditório e ampla defesa[29].

É interessante perceber que a redação originária do art. 57 do Código Civil de 2002 previa a possibilidade de exclusão do associado, somente admissível em havendo justa causa, devidamente prevista no estatuto da entidade e, se esse fosse omisso, o membro da associação poderia ser, ainda assim, punido, desde que fossem reconhecidos motivos graves, em deliberação associativa fundamentada, pela maioria absoluta dos presentes à assembleia geral, cabendo recurso para esta mesma assembleia, em caso de exclusão do associado.

Extrai-se do dispositivo legal que não havia qualquer previsão acerca do devido processo legal, ampla defesa ou contraditório, embora houvesse disposição legal acerca da necessidade de motivação no ato de expulsão do associado. Mesmo assim, tanto a doutrina[30] quanto a jurisprudência[31] já entendiam que a cláusula do devido processo legal deveria ser observada para a aplicação da pena capital na entidade privada.

Embora as decisões advindas do Poder Judiciário obrigassem a aplicação do devido processo legal para a exclusão dos associados, não havia um enfrentamento direto acerca da eficácia dos Direitos Fundamentais nas relações privadas, tendo o Supremo Tribunal Federal, através do julgamento do Recurso Extraordinário n. 201.819, finalmente, apontado o caminho a ser percorrido.

Na referida decisão, a Corte Suprema, ponderando a colisão firmada entre o princípio da autonomia privada *versus* o princípio do devido processo legal, decidiu que as relações privadas não são impermeáveis aos Direitos Fundamentais, devendo, ao revés, serem estes observados nas relações travadas entre particulares, sobretudo quando o ato for de aplicação de penalidade, onde se observará a motivação da decisão, assim como as garantias do contraditório e da ampla defesa[32].

---

(29) Nesse sentido, a lição paradigmática e inovadora de Braga: "sucede que esses entes associativos não podem punir o associado ou o sócio por transgressão de normas legais ou estatutárias, sem assegurar-lhe um processo prévio pautado na lei e na razoabilidade. Deve ser respeitado o devido processo legal em suas facetas formal e material, seguindo-se um rito permeado por garantias mínimas como contraditório, ampla defesa, direito a provas, juiz natural, decisões fundamentadas etc. que se encerre com uma decisão equilibrada e proporcional" (BRAGA, Paula Sarno, *op. cit.*, p. 213).

(30) Referindo-se ao art. 57, disse Venosa: "essa dispositivo disse menos do que devia; qualquer que seja a dimensão da sociedade ou a gravidade da conduta do associado, deve ser-lhe concedido amplo direito de defesa. Nenhuma decisão de exclusão de associado, ainda que o estatuto permita e ainda que decidida em assembleia geral convocada para tal fim, pode prescindir de procedimento que permita ao indigitado sócio produzir sua defesa e suas provas. O princípio, que poderia estar enfatizado nesse artigo do Código, decorre de princípios individuais e garantias constitucionais em prol do amplo direito de defesa (art. 5º, LV, da Constituição). Processo sumário ou defeituoso para exclusão de sócio não resistirá certamente ao exame pelo Poder Judiciário. Isso é verdadeiro não somente para a pena de exclusão do quadro social, que é a mais grave; mas também para as demais penalidades que podem ser impostas, como advertência, repreensão, multa ou suspensão" (VENOSA, Sílvio de Salvo. *Direito Civil*. Parte Geral. 3. ed. São Paulo: Atlas, 2003. p. 288).

(31) "É nulo o procedimento de exclusão de associado dos quadros de associação, quando não se observa o devido processo legal nem as garantias dele decorrentes, tais como o contraditório e a ampla defesa, além de serem infringidas outras normas legais e estatutárias. – Os danos morais são presumidos no caso de violação à honra, pois se trata de direito personalíssimo, razão pela qual a negligência na instauração e no desenvolvimento de procedimento de exclusão irregular enseja o direito à indenização de cunho compensatório." (MINAS GERAIS. Tribunal de Alçada do Estado de Minas Gerais. Constitucional. *Apelação Cível n. 2.0000.00.480020-4/000(1)*, da 5ª Câmara Cível do Tribunal de Alçada do Estado de Minas Gerais. Relator: Desembargador Elpídio Donizetti. Belo Horizonte, 16 de março de 2005. Disponível em: <http://www.tjmg.gov.br>. Acesso em: 30 jan. 2014.

"Ação ordinária de Reintegração em sociedade recreativa. Direito de defesa não assegurado. Nulidade do ato. Independentemente da legitimidade ou não dos motivos que ensejaram a exclusão dos autores do quadro social, percebe-se, com clareza, que estes não tiveram assegurado o direito à ampla defesa, com previsão tanto na Constituição Federal como no estatuto da entidade demandada. Por outro lado, ainda que pudesse superar o obstáculo formal, a versão apresentada pela ré para a punição aplicada não é consentânea com a realidade, pois, inexistiu cedência exclusiva da área comunitária, em seu favor, por parte da prefeitura e de particular, de modo que não poderia impedir que as pessoas se organizassem fora de suas regras, para a prática de futebol." (RIO GRANDE DO SUL. Tribunal de Justiça do Rio Grande do Sul. Constitucional. *Apelação Cível n. 70002714095*, da 11ª Câmara Cível do Tribunal de Justiça do Rio Grande do Sul. Relator: Desembargador Luiz Ary Vessini de Lima. Porto Alegre, 31.10.2002. Disponível em: <http://www.tj.rs.gov.br>. Acesso em: 30 jan. 2017.

(32) EMENTA: SOCIEDADE CIVIL SEM FINS LUCRATIVOS. UNIÃO BRASILEIRA DE COMPOSITORES. EXCLUSÃO DE SÓCIO SEM GARANTIA DA AMPLA DEFESA E DO CONTRADITÓRIO. EFICÁCIA DOS DIREITOS FUNDAMENTAIS NAS RELAÇÕES PRIVADAS. RECURSO DESPROVIDO. I. EFICÁCIA DOS DIREITOS FUNDAMENTAIS NAS RELAÇÕES PRIVADAS. As violações a direitos fundamentais não ocorrem somente no âmbito das relações entre o cidadão e o Estado, mas igualmente nas relações travadas entre pessoas físicas e jurídicas de direito privado. Assim, os direitos fundamentais assegurados pela Constituição vinculam diretamente não apenas os poderes públicos, estando direcionados também à

Colhe-se, ainda, da aludida decisão, que o caráter público da atividade desenvolvida pela União Brasileira de Compositores e a dependência do vínculo associativo para o livre exercício profissional de seus sócios justificam a aplicação direta dos Direitos Fundamentais, máxime o devido processo legal, o contraditório e a ampla defesa, demonstrando a Suprema Corte que quanto maior o poder privado, maior deve ser a aplicação das normas jusfundamentais na relação particular.

O debate acerca da ausência de um processo devido com possibilidade de contraditório e ampla defesa acirrou-se e o art. 57 do Código Civil foi alterado pela Lei n. 11.127/2005, passando o dispositivo a prever expressamente que o associado em risco de exclusão tem direito a tais garantias processuais, nos termos do estatuto, consagrando a Lei o que já vinha sendo feito para jurisprudência e ratificado pela doutrina.

Ou seja, hoje há ordem expressamente dirigida às entidades associativas, para que estas, no exercício de sua autonomia privada, prevejam o modo como o Direito Fundamental ao devido processo legal será observado na aplicação da penalidade de expulsão, não havendo margem para a não previsão da garantia nos estatutos.

É interessante perceber que há um silêncio na Lei Civil em relação à aplicação de outras sanções, como a suspensão ou advertência, embora doutrina[33] e jurisprudência não estejam fazendo distinção entre a aplicação da penalidade de expulsão ou outras mais leves, como dá conta a seguinte ementa:

> APELAÇÃO CÍVEL. AÇÃO ANULATÓRIA DE ATO JURÍDICO C/C DANOS MORAIS. CLUBE RECREATIVO. SUSPENSÃO DO SÓCIO DE FREQUENTAR O CLUBE POR TRINTA DIAS. INOBSERVÂNCIA DOS PRINCÍPIOS CONSTITUCIONAIS DO CONTRADITÓRIO E DA AMPLA DEFESA. DANOS MORAIS CONFIGURADOS. OBRIGAÇÃO DE INDENIZAR. SENTENÇA REFORMADA. RECURSO PROVIDO[34].

Em relação às sociedades, o Código Civil silenciou relativamente, tendo-se que apenas o art. 44, § 2º, prevê que "as disposições concernentes às associações aplicam-se subsidiariamente às sociedades". É dizer, todas as previsões contidas no art. 57, devem ser observadas nas relações travadas entre sociedade e sócio, sobretudo quando se tratar de risco de expulsão deste, ou aplicação de outras penalidades, sendo obrigatório o cumprimento do devido processo legal.

Nada obstante, o art. 1.085 o Código Civil estabelece o procedimento para exclusão de sócio minoritário das sociedades limitadas, dispondo expressamente que somente poderá se dar a pena capital por ato de

---

proteção dos particulares em face dos poderes privados. II. OS PRINCÍPIOS CONSTITUCIONAIS COMO LIMITES À AUTONOMIA PRIVADA DAS ASSOCIAÇÕES. A ordem jurídico-constitucional brasileira não conferiu a qualquer associação civil a possibilidade de agir à revelia dos princípios inscritos nas leis e, em especial, dos postulados que têm por fundamento direto o próprio texto da Constituição da República, notadamente em tema de proteção às liberdades e garantias fundamentais. O espaço de autonomia privada garantido pela Constituição às associações não está imune à incidência dos princípios constitucionais que asseguram o respeito aos direitos fundamentais de seus associados. A autonomia privada, que encontra claras limitações de ordem jurídica, não pode ser exercida em detrimento ou com desrespeito aos direitos e garantias de terceiros, especialmente aqueles positivados em sede constitucional, pois a autonomia da vontade não confere aos particulares, no domínio de sua incidência e atuação, o poder de transgredir ou de ignorar as restrições postas e definidas pela própria Constituição, cuja eficácia e força normativa também se impõem, aos particulares, no âmbito de suas relações privadas, em tema de liberdades fundamentais. III. SOCIEDADE CIVIL SEM FINS LUCRATIVOS. ENTIDADE QUE INTEGRA ESPAÇO PÚBLICO, AINDA QUE NÃO ESTATAL. ATIVIDADE DE CARÁTER PÚBLICO. EXCLUSÃO DE SÓCIO SEM GARANTIA DO DEVIDO PROCESSO LEGAL. APLICAÇÃO DIRETA DOS DIREITOS FUNDAMENTAIS À AMPLA DEFESA E AO CONTRADITÓRIO. As associações privadas que exercem função predominante em determinado âmbito econômico e/ou social, mantendo seus associados em relações de dependência econômica e/ou social, integram o que se pode denominar de espaço público, ainda que não estatal. A União Brasileira de Compositores – UBC, sociedade civil sem fins lucrativos, integra a estrutura do ECAD e, portanto, assume posição privilegiada para determinar a extensão do gozo e fruição dos direitos autorais de seus associados. A exclusão de sócio do quadro social da UBC, sem qualquer garantia de ampla defesa, do contraditório, ou do devido processo constitucional, onera consideravelmente o recorrido, o qual fica impossibilitado de perceber os direitos autorais relativos à execução de suas obras. A vedação das garantias constitucionais do devido processo legal acaba por restringir a própria liberdade de exercício profissional do sócio. O caráter público da atividade exercida pela sociedade e a dependência do vínculo associativo para o exercício profissional de seus sócios legitimam, no caso concreto, a aplicação direta dos direitos fundamentais concernentes ao devido processo legal, ao contraditório e à ampla defesa (art. 5º, LIV e LV, da CF/1988). IV. RECURSO EXTRAORDINÁRIO DESPROVIDO. BRASIL. Supremo Tribunal Federal. Constitucional. *Recurso Ordinário n. 201819*, da 2ª Turma do Supremo Tribunal Federal. Relatora: Ministra Ellen Gracie. Brasília, 11 de outubro de 2005. Disponível em: <http://www.stf.gov.br>. Acesso em: 30 jan. 2017.

(33) Eis a lição de Paula S. Braga (*op. cit.*, p. 218): "conclui-se, assim, com base nessa doutrina, que o dispositivo em questão [CC, art. 57] deve ser alvo de uma interpretação bem abrangente, para entender-se que assegurou não só a ampla defesa, mas, sim, um autêntico processo prévio orientado por *todas* as garantias inerentes ao devido processo legal – dentre elas, o direito a provas, à publicidade, a um julgador natural, a decisões fundamentadas e razoáveis. E mais, esse processo é exigível não só para a exclusão do associado, como também para infligir qualquer outro tipo de sanção (ex.: multa, suspensão de direitos etc.)."

(34) RIO GRANDE DO SUL. Tribunal de Justiça do Rio Grande do Sul. Constitucional. *Apelação Cível n. 216167*, Relator: Desembargador Carlos Adilson Silva. Porto Alegre, 27/08/2009. Disponível em: <http://www. tj.rs.gov.br>. Acesso em: 30 jan. 2017.

"inegável gravidade", devidamente apurado em assembleia convocada com tal fim, desde que o estatuto respectivo haja previsto a exclusão por justa causa, sendo, em todo caso, necessária a prévia ciência do acusado em tempo hábil, para que este possa comparecer à assembleia e apresentar defesa.

Advoga Braga, que o princípio-garantia do devido processo legal foi explicitamente previsto no indigitado dispositivo, quando da exclusão do sócio minoritário da sociedade limitada e que a regra deve ser aplicada por analogia em todas as formas societárias[35].

Em relação às sociedades cooperativas, a 2ª Turma do Supremo Tribunal Federal (RE n. 158.215-RS) já possui julgado paradigmático, cuja relatoria coube ao Ministro Marco Aurélio de Melo, decisão esta sempre apontada quando se fala em aplicação dos Direitos Fundamentais nas relações privadas, como sendo a pioneira nesse sentido. Veja-se:

> DEFESA – DEVIDO PROCESSO LEGAL – INCISO LV DO ROL DAS GARANTIAS CONSTITUCIONAIS – EXAME – LEGISLAÇÃO COMUM. A intangibilidade do preceito constitucional assegurador do devido processo legal direciona ao exame da legislação comum. Daí a insubsistência da óptica segundo a qual a violência à Carta Política da República, suficiente a ensejar o conhecimento de extraordinário, há de ser direta e frontal. Caso a caso, compete ao Supremo Tribunal Federal exercer crivo sobre a matéria, distinguindo os recursos protelatórios daqueles em que versada, com procedência, a transgressão a texto constitucional, muito embora torne-se necessário, até mesmo, partir-se do que previsto na legislação comum. Entendimento diverso implica relegar à inocuidade dois princípios básicos em um Estado Democrático de Direito – o da legalidade e do devido processo legal, com a garantia da ampla defesa, sempre a pressuporem a consideração de normas estritamente legais. COOPERATIVA – EXCLUSÃO DE ASSOCIADO – CARÁTER PUNITIVO – DEVIDO PROCESSO LEGAL. Na hipótese de exclusão de associado decorrente de conduta contrária aos estatutos, impõe-se a observância ao devido processo legal, viabilizado o exercício amplo da defesa. Simples desafio do associado à assembleia geral, no que toca à exclusão, não é de molde a atrair adoção de processo sumário. Observância obrigatória do próprio estatuto da cooperativa"[36].

A controvérsia havida em torno da aplicação do devido processo legal e as garantias que lhe são decorrentes, quando se trata de aplicação de penalidades nas relações societárias ou associativas, hoje, diante das decisões da Corte Maior, não encontra mais tanta divergência.

3.1.2. Relações condominiais

Embora o condomínio não seja legalmente considerado pessoa física ou jurídica, o Código Civil lhe dedicou atenção especial, dispondo, inclusive, sobre as sanções pecuniárias que poderão ser aplicadas aos condôminos faltosos.

O art. 1.336, I, do Código Civil elaborou um sistema de aplicação de penalidade de forma graduada, sendo certo que se o condômino, praticante dos atos previstos como faltas na convenção condominial, pode ser punido, de acordo com a forma posta no ferido dispositivo legal, penalidade a ser aplicada, logicamente, pelo próprio condomínio.

A Lei Civil não traz qualquer previsão acerca da possibilidade de outras sanções que não as pecuniárias já legalmente previstas, como a restrição de áreas comuns, ou até a expulsão do condômino.

No entanto, tanto a doutrina[37] quanto a jurisprudência[38] têm se inclinado sobre a necessidade de aplicação do devido processo legal – principalmente a necessidade de se apresentar uma justificativa para o ato – quando o condomínio desejar aplicar penalidades não pecuniárias, devidamente previstas na norma convencional.

O Enunciado n. 92 do Conselho da Justiça Federal enfaticamente estabelece: "as sanções do CC 1.337 não podem ser aplicadas sem que se garanta direito de defesa ao condômino nocivo".

---

(35) BRAGA, Paula Sarno, op. cit., p. 219.
(36) DJ de 07.06.1996. Disponível em: <http://www.stf.gov.br>. Acesso em: 30 jan. 2017.
(37) Cf. VENOSA, Sílvio de Salvo. Direito Civil. Direitos Reais. 3. ed. São Paulo: Atlas, 2003. p. 299-307.
(38) É o que se extrai da decisão emanada do TJSP: "Medida cautelar – Direito de uso do salão de festas do condomínio obstado ao condômino inadimplente – Inadmissibilidade – Imposição injustificada de restrição ao uso das áreas comuns em decorrência da inadimplência – Violação ao direito de propriedade – Discussão da dívida em regular ação de cobrança e em consignatória, ambas em trâmite – Sentença mantida – Improvida a irresignação recursal (SÃO PAULO. Tribunal de Justiça de São Paulo. Apelação Cível n. 0150356-03.2006.8.26.0000, 8ª Câmara de Direito Privado. Relator: Luiz Ambra. São Paulo, 04/07/2011. Disponível em: <http://www.jusbrasil.com.br/jurisprudencia/19978391/apelacao-apl-1503560320068260000-sp-0150356-0320068260000-tjsp>. Acesso em: 30 jan. 2017).

3.1.3. O dever de motivação na ação de despejo

O direito à habitação proveniente de contrato de locação é protegido pela Lei n. 8.245, de 1991, estabelecendo esta em seu art. 59 que tal direito somente pode ser suprimido mediante ação de despejo, devidamente fundada nos exclusivos motivos presentes nos nove incisos do indigitado dispositivo legal.

É dizer, necessariamente, o direito de o proprietário reaver seu imóvel locado a inquilino faltoso, por qualquer outro motivo expressamente previsto em lei, somente pode se dar mediante ação própria e desde que haja uma razão, devidamente comprovada processualmente, a não ser, é lógico, que as partes livremente contemplem cláusula em contrário.

4. A NECESSIDADE DA MOTIVAÇÃO DA DESPEDIDA COMO CONSEQUÊNCIA DO DEVIDO PROCESSO LEGAL APLICÁVEL À RELAÇÃO DE EMPREGO

Ao longo do tópico anterior observou-se que as normas civis, que possuem como um dos principais pilares a igualdade entre as partes, não dissentem quando o assunto é aplicação do dever de motivação dos atos punitivos nas entidades privadas, assim como também não ignoram o fato de que tal dever motivacional decorre do princípio do devido processo legal, paradigma legal acolhido tanto pela doutrina quanto pela jurisprudência, inclusive através de decisões do Supremo Tribunal Federal.

Viu-se, também, que todas as normas cíveis analisadas dispõem sobre o *due process of law*, bem assim as garantias que lhe são decorrentes nas relações privadas e que isso somente é possível diante da percepção de que todos os Direitos Fundamentais invadem os entes particulares de forma objetiva e irradiante, limitando a autonomia privada, sobretudo quando tais entidades são dotadas do que se convencionou chamar de poder privado.

Ora, se até as normas civis, que têm como paradigma a plena igualdade das partes, consagram o dever de motivação nas entidades privadas quando estas desejam aplicar penalidades aos seus componentes, com muito mais razão tal dever se impõe na relação de emprego, quando o empregador deseja a dispensa do empregado[39].

Isso ocorre porque a relação de emprego é eivada de forte poder social, sendo essa peculiaridade o principal motivo da observância dos assim denominados direitos laborais inespecíficos, como o devido processo legal e seus corolários, o dever de informação e o dever de motivação das decisões.

Quanto ao tema, é importante relembrar a lição de José João Abrantes, quando se refere à relação de emprego, pontificando que esta é eivada de grande desigualdade, sendo "precisamente aí, no caráter desigual dessas relações, que radica a necessidade de assegurar um efectivo exercício das liberdades"[40].

É certo, porém, que o art. 7º, I, do Texto Constitucional consagrou como direito laboral específico – afirmando que o ordenamento jurídico brasileiro já defere a proteção contra a despedida arbitrária – a proteção à relação de emprego em face da despedida arbitrária e o dever de motivação já está inserido em tal assertiva, sendo certo que a aplicação da cláusula do devido processo legal, como direito laboral inespecífico, serve para fornecer mais um supedâneo jusfundamental desenvolvido ao longo de séculos como proibição *mater* ao arbítrio.

O cidadão-trabalhador, pelo simples fato de se vincular a uma relação onde é dependente[41] não se despe da condição maior que é justamente a de ser humano, detentor de todos os Direitos e Garantias Fundamentais consagrados na Constituição Federal de 1988, sendo a motivação do ato de dispensa, um direito laboral inespecífico antes mesmo, até, de ser específico.

O art. 165 da CLT dispõe que será considerada como despedida arbitrária a que não se fundar em motivo disciplinar, técnico, econômico ou financeiro[42]. É dizer, se a Constituição contém proteção diretamente dirigida ao particular-empregador para que este não pratique despedida arbitrária, significa afirmar que não

---

(39) Em sentido exatamente idêntico e em outras palavras, já se manifestou Vecchi (*op. cit.*), assegurando que o STF já pôs fim à discussão acerca da aplicabilidade do princípio do devido processo legal às relações privadas, e tal garantia deve ser amplamente observada na relação de emprego, pois "se mesmo em relações marcadas por um maior patamar de igualdade entre as partes houve a aplicação do devido processo legal, no campo do poder disciplinar do empregador, por ser a relação assimétrica, essa aplicação se torna ainda mais cogente".

(40) *Op. cit.*, p. 23.

(41) Esse é o termo técnico utilizado pela CLT e ora empregado para que se evitem futuras discussões acerca da subordinação clássica, objetiva, estrutural, reticular etc.

(42) Antônio Álvares da Silva (*op. cit.*, p. 253) não concorda com esse ponto de vista, dizendo que "essa opinião não pode ser aceita", pois o art. 165 da CLT define o que vem a ser a dispensa arbitrária e, a *contrário sensu*, "a dispensa que se baseia em motivo disciplinar, técnico, econômico ou financeiro não é protegida pela Constituição, ou seja, situa-se na área de permissibilidade jurídica.

se pode despedir empregados sem que haja um dos motivos apontados no referido artigo da norma laborista, demonstrando o raciocínio que não pode o empregador despedir de forma vazia, pois, assim procedendo, estará praticando ato arbitrário[43].

Em obra que precisou com maestria a questão em análise, Valdete Souto Severo ressaltou que: "arbitrário é sinônimo de destituído de motivos lícitos, e a motivação é, necessariamente, dever de quem tem a obrigação de motivar"[44].

Relembre-se, ainda assim, que o Código Civil de 2002, em seu art. 122, parece dialogar com a tese ora defendida, dispondo que entre as condições defesas por lei se incluem as que sujeitarem o negócio jurídico ao puro arbítrio de uma das partes.

Transplantando o regramento civilista para a contratação de emprego, é fácil perceber que o empregador não pode concentrar em suas mãos o arbítrio de dissolução do negócio jurídico, ou seja, não pode ele próprio decidir, por puro talante e sem qualquer motivação, o fim da relação de emprego, pois, assim procedendo, praticará ato defeso por Lei.

Pensar o contrário é permitir que as relações cíveis possuam regramento protetivo maior que o regramento constitucional trabalhista que, segundo os mais ortodoxos, permite a denúncia contratual vazia, sem qualquer motivação.

O raciocínio do arbítrio, concentrado na suposta possibilidade de o empregador despedir de forma vazia não se justifica em um Estado que, antes de ser de Direito, é Democrático, e põe toda a ordem econômica fundada na valorização do trabalho humano, que não pode ser, de modo algum, ignorado pela livre iniciativa (CRFB/1988, art. 170, *caput*).

O entendimento em voga, constituído em torno do direito potestativo da despedida, além de ser ato antijurídico, contrário à Constituição de ao próprio Código Civil, atenta, inclusive, contra o modelo estabelecido para a proteção dos Direitos Sociais.

Tenha-se como exemplo a Lei n. 8.245, de 1991, que protege o direito de habitação (CRFB, art. 6º) do inquilino, somente permitindo que este deixe o imóvel contra a sua vontade, desde que haja um motivo relevante, expressamente apontado pela aludida Lei.

Se o direito de habitação é acobertado por norma de tal conotação, onde as partes são plenamente iguais, com mais razão ainda o mesmo raciocínio deve ser utilizado em relação ao direito *ao* trabalho, igualmente previsto na Constituição no rol dos Direitos Sociais.

Diante da análise das normas civilistas que pregam e asseguram a motivação quando as entidades privadas desejam aplicar penalidades, resta evidente que há uma grande aporia firmada em torno da ideia de faculdade de o empregador despedir empregados sem qualquer apresentação de motivos, justamente na relação de emprego, extremamente assimétrica e permeada de forte poder social, onde o dever de apresentação de motivos se faz ainda mais necessário.

A função de um Estado que se propõe comprometido com a realização dos Direitos Fundamentais é questionável diante da ausência da desejada Lei Complementar para regulamentar o art. 7º, I, do Texto Constitucional de 1988, em evidente desproteção para os trabalhadores. O que é mais curioso é que a insuficiente proteção estatal se dá exatamente na relação cujo paradigma principal é a proteção do ser humano trabalhador.

As soluções para a aporia apresentada são diversas, desde a mais simples, até as mais ousadas, segundo a qual tal dispositivo é direito de liberdade[45] e, como tal, deve ser interpretado tendo-se a sua mais alta eficácia, passando pela eficácia plena da primeira parte do Texto Constitucional analisado, possuindo a segunda parte baixa eficácia normativa, até se chegar à eficácia do devido processo legal na relação de emprego, sendo o dever motivacional uma de suas peculiaridades.

Recentemente, especificamente no dia 06.02.2013, o Supremo Tribunal Federal, julgando o Mandado de Injunção n. 943, decidiu, *por unanimidade de votos*, que

---

(43) Essa também é a conclusão do Ministro Maurício Godinho Delgado (*Curso de Direito do Trabalho*. São Paulo: LTr, 2012. p. 1186), para quem o Direito do Trabalho brasileiro ainda não logrou incorporar, como regra geral, a necessidade de motivação e que se isso ocorresse, "levaria ao fim da *dispensa meramente arbitrária* no mercado laboratorio do país, que se realiza por meio de simples ato potestativo empresarial".

(44) SEVERO, Valdete Souto. *O dever de motivação da despedida na ordem jurídico-constitucional brasileira*. Porto Alegre: Livraria do Advogado, 2011. p. 135.

(45) Nesse trilhar, concordando que os Direitos Fundamentais Sociais não se encerram na sua função prestacional, Sarlet já asseverou que grande parte dos direitos dos trabalhadores, presentes nos arts. 7º a 11 da nossa Constituição, "são, na verdade, concretizações do direito de liberdade e do princípio da igualdade (ou da não-discriminação), ou mesmo posições jurídicas dirigidas a uma proteção contra ingerências por parte dos poderes públicos e entidades privadas", deixando evidenciado que, no rol aludido assim como nos demais dispositivos que tratam de Direitos Sociais, há direitos prestacionais e direitos de trabesa, sendo mais coerente tratar estes últimos como "liberdades sociais" (SARLET, Ingo Wolfgang. *A eficácia dos direitos fundamentais. Uma teoria geral dos direitos fundamentais na perspectiva constitucional*. 10. ed. Porto Alegre: Livraria do Advogado, 2009. p. 174).

a regra sobre o pagamento de aviso-prévio proporcional, estabelecida pela Lei n. 12.506, de 11 de outubro de 2011, deve ser aplicada em relação aos outros MI com andamento na Corte, mas com julgamento suspenso. É dizer, a referida Lei será aplicada nos casos anteriores ao seu advento, resolvendo o Poder Judiciário suprir a omissão legislativa anterior.

A decisão aludida serve como norte para o tema objeto deste artigo, pois se a Corte Maior já resolveu que, não obstante a carência de norma específica sobre o aviso-prévio proporcional, este instituto deve ser utilizado de acordo com os parâmetros traçados somente com o advento da Lei n. 12.506/2011, suprindo a lacuna legal, o mesmo raciocínio deve ser utilizado para a proteção presente no art. 7º, I, da CRFB/1988, já que a Legislação infraconstitucional já define o que vem a ser a despedida arbitrária.

5. CONSEQUÊNCIAS DA DESPEDIDA SEM MOTIVAÇÃO

Já se disse que o ato demissionário vazio é antijurídico e, portanto, rejeitado pela ordem jurídica brasileira, que institui a proteção em face da despedida arbitrária. Assim, se a despedida não restar embasada em justa causa, como determina o art. 482 da CLT, deverá ser, necessariamente, fundamentada em algum motivo, sendo certo que se assim não for, o ato será arbitrário.

O art. 7º, I, do Texto Constitucional faz referência à indenização, ainda sem previsão em Lei Complementar, mas o art. 10, I, do ADCT igualmente prevê indenização para a dispensa *sem justa causa*, pois o ato resilitório arbitrário é proibido pela Lei Maior, ensejando a nulidade do ato e retorno das coisas ao *status quo ante*, seguindo a regra secular estabelecida pela Teoria Geral civilista.

Ou seja, o empregado dispensado sem qualquer apresentação dos motivos indicados no art. 165 da CLT, deve ser reintegrado ao emprego, mas, não sendo isso possível, poderá o Magistrado fixar indenização compensatória.

Nesse trilhar, a ordem jurídica pátria prevê quatro hipóteses de dispensa: i) arbitrária, ou sem qualquer motivação, sendo possível, nesse caso, a reintegração do trabalhador ao emprego, sem prejuízo da indenização a que se refere a Constituição; ii) motivada, mas sem justa causa, passível de indenização compensatória, já prevista no art. 10, I, do ADCT; iii) por justa causa, que não comporta indenização; iv) discriminatória, redundando na nulidade do ato, com a possibilidade de reintegração e indenização.

A solução pela reintegração em havendo despedida sem motivação pode parecer vanguardista demais, mas não se pode perder de vista que o próprio *caput* do art. 7º do Texto Constitucional indica o caminho, pois se o inciso I prevê como consequência do ato resilitório arbitrário a indenização, a "cabeça" do dispositivo constitucional assegura "outros direitos" que visem à melhoria da condição social do trabalhador e a possibilidade de reintegração, sem dúvida, preza pela conservação do empregado ao posto de trabalho, enaltecendo o direito social e subjetivo *ao* trabalho.

Infelizmente essa não parece ser a diretriz interpretativa seguida pela doutrina "majoritária" e, certamente, mais ortodoxa, que finca pé na conclusão segundo a qual se a Constituição manda a lei complementar prever indenização compensatória, "implicitamente exclui a estabilidade como regra geral (só a admite nas hipóteses taxativamente enumeradas), e, em consequência, a referida lei complementar não poderá prever a reintegração entre 'outros direitos'"[46].

A solução utilitarista estabelecida *provisoriamente* pelo ADCT não pode ser entrave para o fim maior que é a manutenção do emprego, almejado pelo dispositivo constitucional que protege do empregado contra a despedida arbitrária.

Se é certo afirmar que o empregado arbitrariamente despedido tem direito a retornar ao trabalho, não menos certo é afirmar que, utilizando-se a regra dos arts. 495 e 496 da CLT, o Magistrado trabalhista poderá "dado o grau de incompatibilidade resultante do dissídio", condenar o empregador a pagar indenização compensatória.

Nesse particular, as normas civis ou trabalhistas não trazem parâmetro de tarifação da indenização[47], sendo usual a utilização da técnica do arbitramento quando "inexistem elementos objetivos para a liquidação do julgado"[48], sempre com atenção para a "extensão do dano"[49], expediente largamente utilizado na

---

(46) ROMITA, Arion Sayão. Proteção contra a despedida arbitrária. In: CARRION, Valentin (diretor). Trabalho & Processo. *Revista jurídica trimestral*. São Paulo: Saraiva, n. 1, p. 03-35, jul. 1994.

(47) Muito embora a Súmula n. 389, II, do C. TST fixe indenização correspondente ao número de parcelas do seguro-desemprego.

(48) GAGLIANO, Pablo Stolze; PAMPLONA FILHO, Rodolfo. *Novo Curso de Direito Civil*. Responsabilidade Civil. 10. ed. São Paulo: Saraiva, 2012. p. 407.

(49) CC, art. 944.

seara trabalhista para a fixação de indenizações por danos pessoais e que pode igualmente ser manejada para o arbitramento pela despedida sem motivação.

6. CONCLUSÕES

Não se pode olvidar que no art. 7º, I, do Texto Constitucional há uma ordem direta para que o Legislador atue no sentido de proteger e não de desproteger a relação de emprego e, assim sendo, não se poderá acolher a tese de direito potestativo à despedida sem apresentação de motivos.

A própria tese de eficácia indireta dos Direitos Fundamentais nas relações privadas admite como correta a penetração destes Direitos nas indigitadas pactuações, desde que através dos conceitos jurídicos indeterminados, como, por exemplo, a boa-fé contratual e mesmo esta pressupõe o dever de informação.

Nesse passo, diante da insuficiência do Estado-Legislador, o Estado-juiz possui papel importantíssimo, pois deve interpretar o Direito segundo uma de suas funções, que é a proibição do arbítrio, e a solução apontada no presente artigo é apenas uma das vias aptas para tanto, sem se questionar acerca da invasão de um "Poder" na competência do outro. Não se propõe qualquer revolução, elaboração de norma pelo Poder Judiciário ou algo equivalente, mas, tão somente, que este cumpra o seu papel: interpretar a Constituição de modo a lhe dar melhor eficácia.

7. REFERÊNCIAS BIBLIOGRÁFICAS

ABRANTES, João José. *Contrato de trabalho e direitos fundamentais*. Coimbra: Coimbra, 2005.

ALEXY, Robert. *Teoria dos direitos fundamentais*. Tradução de Virgílio Afonso da Silva. São Paulo: Maheiros. 2008.

ALMEIDA, Renato Rua de. Os direitos laborais inespecíficos dos trabalhadores. *In*: ALMEIDA, Renato Rua de (Coord.).; SUPIONI JUNIOR, Claudimir; SOBRAL, Jeana Silva (Orgs.). *Direitos laborais inespecíficos*. Os direitos gerais de cidadania na relação de trabalho. São Paulo: LTr, 2012.

AMARAL, Júlio Ricardo de Paula. Os direitos fundamentais e a constitucionalização do Direito do Trabalho. *Revista do TRT – 9ª Região*, Curitiba ano 35, n. 65, jul./ dez. 2010.

BRAGA, Paula Sarno. *Direitos fundamentais como limites à autonomia privada*. Salvador: JusPodivm, 2008.

DÜRIG, Günter. *Direitos fundamentais e jurisdição civil*. Tradução de Luís Afonso Heck. HECK, Luiz Afonso (Org.). Direitos Fundamentais e Direito Privado. Textos clássicos. Porto Alegre: Sergio Antonio Fabris Editor, 2012.

GAGLIANO, Pablo Stolze; PAMPLONA FILHO, Rodolfo. *Novo Curso de Direito Civil*. Responsabilidade Civil. 10. ed. São Paulo: Saraiva, 2012.

GAMORAL C. Sérgio. *Cidadania na Empresa e Eficácia Diagonal dos Direitos Fundamentais*. São Paulo: LTr, 2011

LEITE, Carlos Henrique Bezerra. Eficácia horizontal dos Direitos Fundamentais na relação de emprego. *Revista Brasileira de Direito Constitucional*, n. 17, p. 33-45, jan./jun. 2011.

MAC CROIE, Benedita Ferreira da Silva. *A vinculação dos particulares aos direitos fundamentais*. Coimbra: Almedina, 2005.

PEREIRA. Ruitemberg Nunes. *O princípio do devido processo legal substantivo*. Rio de Janeiro: Renovar, 2005.

ROCHA, Andrea Presas. A eficácia dos Direitos de Cidadania nas relações de emprego – em defesa de uma eficácia direta. ALMEIDA, Renato Rua de (Coord.).; CALVO, Adriana; ROCHA, Andrea Presas (Orgs.). *Direitos Fundamentais aplicados ao Direito do Trabalho*. São Paulo: LTr, 2010.

ROCHA, Carmem Lúcia Antunes. Devido processo legal. *Revista de Informação Legislativa*, ano 34, n. 136, p. 15, 1997.

ROMITA, Arion Sayão. Proteção contra a despedida arbitrária. In: CARRION, Valentin (diretor). *Trabalho & Processo, Revista jurídica trimestral*. São Paulo: Saraiva, n. 1, p. 03-35, jul. 1994.

SARLET, Ingo Wolfgang. *A eficácia dos direitos fundamentais. Uma teoria geral dos direitos fundamentais na perspectiva constitucional*. 10. ed. Porto Alegre: Livraria do Advogado, 2009.

SARMENTO, Daniel. *Direitos fundamentais e relações privadas*. 2. ed. Rio de Janeiro: Lúmen Juris.

SEVERO, Valdete Souto. *O dever de motivação da despedida na ordem jurídico-constitucional brasileira*. Porto Alegre: Livraria do Advogado, 2012.

STEINMETZ, Wilson. *A vinculação dos particulares a direitos fundamentais*, São Paulo: Malheiros, 2004.

VECCHI, Ipojucan Demétrius. A eficácia dos direitos fundamentais nas relações privadas: o caso da relação de emprego. *Revista TST*, Brasília, v. 77, n. 3, p. 111-135, jul./set. 2011.

Possibilidades e Limites na Negociação Coletiva, diante das Alterações da Consolidação das Leis do Trabalho

MARIA IVONE FORTUNATO LARAIA
Especialista em Direito do Trabalho pela PUC/SP. Mestre em Direito do Trabalho pela PUC/SP.
Professora universitária. Advogada trabalhista

1. INTRODUÇÃO

O tema objeto da presente reflexão é de grande relevância diante da realidade econômico-financeira das empresas brasileiras, das medidas tomadas pelo Estado para resguardar valores maiores associados ao trabalho, bem como do grande impacto gerado pela aprovação da reforma trabalhista.

Dentre as inúmeras alterações da Consolidação das Leis do Trabalho, trazidas pela Lei n. 13.467, de 13 de julho de 2017, daremos destaque a nova redação dos arts. 620, 611-A e 611-B da Consolidação das Leis do Trabalho.

A redação anterior do art. 620 dispunha que *"As condições estabelecidas em Convenção quando mais favoráveis, prevalecerão sobre as estipuladas em Acordo."* A nova redação, em sentido contrário, e contrariando o princípio da aplicação da norma mais favorável ao trabalhador, dispõe que: *"As condições estabelecidas em acordo coletivo de trabalho sempre prevalecerão sobre as estipuladas em convenção coletiva de trabalho."*

A nova redação do art. 620 da CLT chama a atenção quando autoriza a redução de direitos em relação aos previstos em convenção coletiva, não em algumas situações específicas ou com alguns limites, mas sempre. Mencionada alteração, na prática, poderá esvaziar todo o conteúdo das convenções coletivas.

Já o art. 611-A da CLT elenca algumas situações em que prevalecerá a Convenção coletiva e o acordo coletivo de trabalho sobre a lei. E o art. 611-B, por sua vez, dispõe sobre quais direitos, quando suprimido ou reduzido, irão constituir objeto ilícito de convenção coletiva ou de acordo coletivo de trabalho.

Diante da realidade criada pela nova redação desses artigos da CLT, as questões aqui levantadas, dizem respeito às possibilidades e limites à celebração de um acordo coletivo ou convenção coletiva de trabalho, eis que necessário a manutenção dos direitos fundamentais dos trabalhadores nas relações laborais dentro da própria empresa.

2. PREVISÃO LEGAL

A Constituição Federal de 1988 reconhece as convenções e acordos coletivos de trabalho como direito fundamental social, bem como afirma a obrigatoriedade da participação dos sindicatos nas negociações coletivas de trabalho (art. 7º, inciso XXVI e art. 8º, inciso VI, da CF/1988).

O Brasil ratificou a Convenção 98 da Organização Internacional do Trabalho, de 1949, cujo tema é a promoção da negociação coletiva e a autonomia sindical e a Convenção 135 da Organização Internacional do Trabalho, de 1971, cujo tema é a representação dos trabalhadores na empresa. Ratificou, ainda, a Convenção 154 da Organização Internacional do Trabalho, de 1991, cujo tema é o incentivo à negociação coletiva e encontra-se vigente em nosso País. Para a Convenção 154 da OIT, a expressão *"negociação coletiva" compreende todas as negociações que tenham lugar entre, de uma parte, um empregador, um grupo de empregadores ou uma organização ou várias organizações de empregadores, e, de outra parte, uma ou várias organizações de trabalhadores, com o fim de: a) fixar as condições de trabalho e emprego; ou b) regular as relações entre empregadores e trabalhadores; ou c) regular as relações entre os empregadores ou suas organizações e uma ou várias organizações de trabalhadores, ou alcançar todos estes objetivos de uma só vez* (Convenção 154 da OIT, art. 2º). Acrescenta que quando a lei ou a prática nacional reconhecerem a existência de representantes de trabalhadores que correspondam à definição do anexo b) do art. 3 da Convenção sobre os Representantes dos Trabalhadores, de 1971, a lei ou a prática nacionais poderão determinar até o ponto a expressão "negociação coletiva" pode igualmente se estender, no interesse da presente Convenção, às negociações com tais representantes (Convenção 154 da OIT, art. 3.1º). Todas as Convenções mencionadas foram ratificadas pelo Brasil para dar efetividade às negociações coletivas.

A Declaração da OIT de 1998, enumera como seus princípios relativos aos direitos fundamentais: "2.(...) *a) a liberdade sindical e o reconhecimento efetivo do direito de negociação coletiva; b) a eliminação de todas as formas de trabalho forçado ou obrigatório; c) a abolição efetiva do trabalho infantil; e d) a eliminação da discriminação em matéria de emprego e ocupação.*

O art. 611 da CLT conceitua a convenção coletiva de trabalho como sendo "*o acordo de caráter normativo, pelo qual dois ou mais Sindicatos representativos de categorias econômicas e profissionais estipulam condições de trabalho aplicáveis, no âmbito das respectivas representações, às relações individuais de trabalho.*" E acrescenta no § 1º que é "*facultado aos Sindicatos representativos de categorias profissionais celebrar Acordos Coletivos com uma ou mais empresas da correspondente categoria econômica, que estipulem condições de trabalho, aplicáveis no âmbito da empresa ou das acordantes respectivas relações de trabalho.*"

Sobre o tema, ainda, importante mencionar a previsão do art. 2º do Código de Trabalho português de 2009[1] (versão atualizada até a Lei n. 120/2015, de 01º de Setembro), que prevê que dentre os instrumentos de negociação coletiva de trabalho temos as convenções coletivas, que compreendem: o contrato coletivo (celebrado entre associação sindical de empregados e empregadores), o acordo coletivo (celebrado entre associação sindical de empregados e uma pluralidade de empregadores para diferentes empresas) e o acordo de empresa (celebrado entre associação sindical dos empregados e uma empresa).

A previsão da negociação coletiva nos principais diplomas nacionais e internacionais demonstra a importância do tema nos dias de hoje.

3. DIREITO INDIVIDUAL E DIREITO COLETIVO DO TRABALHO

O Direito do Trabalho é um ramo do direito que engloba o direito individual e o direito coletivo, tendo cada um deles regras e princípios específicos. O direito coletivo do trabalho pode alterar o direito individual do trabalho para criar ou melhorar os direitos existentes ou até mesmo para diminuí-los ou excluí-los em algumas situações, todavia seguindo critérios objetivos.

O Direito Individual do Trabalho regula de forma desigual os direitos e obrigações em favor dos trabalhadores, em especial quando estamos diante de uma relação de emprego, eis que se busca o equilíbrio da relação jurídica mantida entre desiguais. Esse tratamento desigual em favor dos trabalhadores decorre de um longo contexto histórico e, sobretudo, da intervenção do

---

(1) Art. 2º do Código de Trabalho português de 2009 (versão atualizada até a Lei n. 120/2015, de 01º de Setembro): Instrumentos de regulamentação colectiva de trabalho 1 – Os instrumentos de regulamentação colectiva de trabalho podem ser negociais ou não negociais. 2 – Os instrumentos de regulamentação colectiva de trabalho negociais são a convenção colectiva, o acordo de adesão e a decisão arbitral em processo de arbitragem voluntária. 3 – As convenções colectivas podem ser: a) Contrato colectivo, a convenção celebrada entre associação sindical e associação de empregadores; b) Acordo colectivo, a convenção celebrada entre associação sindical e uma pluralidade de empregadores para diferentes empresas; c) Acordo de empresa, a convenção celebrada entre associação sindical e um empregador para uma empresa ou estabelecimento. 4 – Os instrumentos de regulamentação colectiva de trabalho não negociais são a portaria de extensão, a portaria de condições de trabalho e a decisão arbitral em processo de arbitragem obrigatória ou necessária."

Estado moderno na ordem social com a utilização de uma legislação trabalhista protecionista, de natureza imperativa e de ordem pública. Dentre as proteções constantes no direito individual do trabalho, destacam-se normas de proteção contra despedida arbitrária ou sem justa causa, irredutibilidade salarial, limitação na jornada de trabalho, intervalos intrajornada e interjornadas, férias, proteção ao trabalho da mulher e do menor, além de outras não mencionadas, mas não de menor relevância.

São princípios do direito individual do trabalho, segundo os autores Francisco Ferreira Jorge Neto e Jouberto de Quadros Pessoa Cavalcante[2], o princípio protetor, o princípio da irrenunciabilidade, o princípio da continuidade da relação de emprego, o princípio da primazia da realidade, o princípio da razoabilidade, o princípio da boa-fé e o princípio da igualdade. Maurício Godinho Delgado[3], por sua vez, enumera os seguintes princípios: "a) princípio da proteção (conhecido também como princípio tutelar ou tuitivo ou protetivo ou, ainda, tutelar-protetivo e denominações congêneres); b) princípio da norma mais favorável; c) princípio da imperatividade das normas trabalhistas; d) princípio da indisponibilidade dos direitos trabalhistas (conhecido ainda como princípio da irredutibilidade dos direitos trabalhistas); e) princípio da condição mais benéfica (ou da cláusula mais benéfica); f) princípio da inalterabilidade contratual lesiva (mais conhecido simplesmente como princípio da inalterabilidade contratual; merece ainda certos epítetos particularizados, como princípio da intangibilidade contratual objetiva); g) princípio da intangibilidade salarial (chamado também integralidade salarial, tendo ainda como correlato o princípio da irredutibilidade salarial); h) princípio da primazia da realidade sobre a forma; i) princípio da continuidade da relação de emprego.

O Direito Coletivo de Trabalho, por sua vez, regula a relação jurídica existente entre iguais, ou seja, entre empregador e empregado tutelados coletivamente por meio de organizações sindicais.

Em relação aos princípios aplicáveis ao direito coletivo do trabalho, segundo a classificação de Maurício Godinho Delgado[4], podem ser classificados em três grandes grupos, segundo a matéria e objetivos neles enfocados: a) princípios asseguratórios das condições de emergência e afirmação da figura do ser coletivo obreiro (princípios da liberdade associativa e sindical e princípio da autonomia sindical); b) princípios que tratam das relações entre os seres coletivos obreiros e empresariais (princípio da interveniência sindical na normatização coletiva, princípio da equivalência dos contratantes coletivos e princípio da lealdade e transparência nas negociações coletivas); e c) princípios regentes das relações entre normas coletivas negociadas e normas estatais (princípio da criatividade jurídica da negociação coletiva e o princípio da adequação setorial negociada). Ao presente estudo, necessário aprofundar tão somente os princípios regentes das relações entre normas coletivas negociadas e normas estatais, ou seja: o princípio da criatividade jurídica da negociação coletiva e principalmente o princípio da adequação setorial negociada.

Pelo princípio da criatividade jurídica da negociação coletiva, as convenções, acordos ou contratos coletivos, processados com a participação do sindicato de trabalhadores, tem o poder de produzir normas jurídicas de acordo com a previsão legal para mencionado procedimento.

O princípio da adequação setorial negociada vem delimitar as possibilidades e limites jurídicos na criação da norma em negociação coletiva. Somente respeitados alguns critérios fixados de forma objetiva é que as normas criadas podem prevalecer sobre as demais constantes no ordenamento jurídico. Segundo Maurício Godinho Delgado[5], "são dois esses critérios autorizativos: a) quando as normas autônomas juscoletivas implementam um padrão setorial de direitos superior ao padrão geral oriundo da legislação heterônoma aplicável; b) quando as normas autônomas juscoletivas transacionam setorialmente parcelas justrabalhistas de indisponibilidade apenas relativa (e não de indisponibilidade absoluta)."

Amauri Mascaro Nascimento[6], ao descrever a trajetória da flexibilização no Brasil, afirma que: "O choque entre o negociado e o legislado não tem o mesmo impacto de outros países porque neles a legislação trabalhista ocupa espaço bem menor e os convênios coletivos, maior. Entre nós, dá-se o contrário. O espaço da lei, no Brasil, é amplo, o que gera atritos inevitáveis com os convênios coletivos."

---

(2) JORGE NETO, Francisco Ferreira. *Curso de Direito do Trabalho*. PESSOA CAVALCANTE, Jouberto de Quadros. 3. ed. São Paulo, Atlas, 2015. p. 18-22.
(3) DELGADO, Mauricio Godinho. *Curso de Direito do Trabalho*. 12 ed. São Paulo: LTr, 2013. p. 189.
(4) DELGADO, Mauricio Godinho. *Curso de Direito do Trabalho*. 12 ed. São Paulo: LTr, 2013. p. 1340-1360.
(5) DELGADO, Mauricio Godinho. *Curso de Direito do Trabalho*. 12 ed. São Paulo: LTr, 2013. p. 1358.
(6) NASCIMENTO, Amauri Mascaro. *Direito Contemporâneo do Trabalho*. São Paulo: Saraiva, 2011. p. 60.

Arion Sayão Romita diferencia a indisponibilidade dos direitos no plano individual e no plano coletivo, da seguinte forma:

> (...) entre indisponibilidade no plano individual e no plano coletivo, constitui objeto de estudos na doutrina já há quase meio século. Barassi já observara que a preeminência da lei imperativa (destinada a compensar a debilidade socioeconômica do trabalhador) é facilmente justificável, quando aplicada à estipulação individual. Mas, quando entra em cena a entidade sindical, o indivíduo deixa de ser débil. A debilidade do empregado cessa quando, em seu lugar, negocia o sindicato, cuja característica essencial é exercer contra poder em face do empregador (que tem, por natureza, poder econômico). Equilibrados os pratos da balança pela negociação coletiva, já não se justifica a inderrogabilidade da lei. Justifica-se, assim, a estipulação *in pejus,* porquanto o sindicato assegura vantagens coletivas mais relevantes em certos casos, sacrificando determinados direitos patrimoniais para obtenção, por exemplo, de garantia dos empregos existentes. Esta modalidade de negociação já é posta em prática na Europa desde os anos de 1960, como esclarece Armand Kayser. Esta nova modalidade de negociação coletiva, apta a fixar níveis de direitos inferiores aos estabelecidos em lei, justifica-se duplamente: 1º - o sistema de negociação coletiva restabelece o equilíbrio-econômico entre as partes; 2º - no próprio interesse dos trabalhadores, é oportuno considerar as necessidades do grupo, que só o sindicato pode validamente estimar.[7]

Percebemos assim, ao comparar o direito individual com o direito coletivo, que alguns princípios são construções destinadas a regular a esfera do direito individual, e não o direito coletivo do trabalho, daí sua inaplicabilidade às realidades coletivas, regidas pelo princípio da criatividade jurídica da negociação coletiva e pelo princípio da adequação setorial negociada e não pelas regras aplicáveis aos contratos individuais do trabalho.

4. DESCENTRALIZAÇÃO DA NEGOCIAÇÃO COLETIVA

O fenômeno da descentralização da negociação coletiva, para o âmbito da empresa tão discutido pela doutrina, era previsível diante da necessidade das micro e pequenas empresas em conseguir alterar condições mais favoráveis previstas nas convenções coletivas para menos favoráveis aos trabalhadores, previstas em seus Acordos Coletivos.

De acordo com pesquisas da Sebrae, no ano de 2011, o pequeno negócio na economia brasileira é o responsável por 27% do PIB nacional, 52% dos empregos com carteira assinada, 40% dos salários pagos e existem 8,9 milhões de micro e pequenas empresas.[8]

Maria do Rosário Palma Ramalho[9] observa que "a tendência que a maioria dos sistemas laborais europeus tem vindo a manifestar ao longo das últimas décadas na matéria que nos ocupa, tem sido no sentido de, por um lado, admitir algum recuo no nível de proteção dos trabalhadores, nomeadamente através do reenvio de diversas matérias para a negociação colectiva: e, por outro lado, de admitir e de regular, embora também com uma extensão diferente e um pendor mais restritivo ou mais flexibilizante consoante os países, algumas formas atípicas de trabalho subordinado, que são, por natureza, mais precárias ou instáveis, ao mesmo tempo que incentiva (ou pelo menos não contraria, a não ser nos caso de fraude) o recrudescimento do trabalho independente."

É diante desse cenário e dos nossos questionamentos que buscaremos com o presente estudo levantar, sob o aspecto do direito coletivo do trabalho, questões relativas a possibilidade e aos limites existentes para a celebração de acordos coletivos de trabalho que reduzem direitos, mesmo previstos em convenções coletivas, à luz dos princípios trabalhistas, do disposto no art. 620 da CLT, sem desconsiderar o contexto, sobretudo econômico, em que se desenvolvem.

A diferença entre acordos e convenções coletivos está nos sujeitos pactuantes, no âmbito de sua aplicabilidade e no nível de concreção (os acordos coletivos tendem a ser mais específicos que as convenções coletivas, eis que consideram a sua realidade). Nos termos do art. 611 da CLT, a convenção coletiva é o acordo de caráter normativo pelo qual dois ou mais sindicatos representativos de categorias econômicas e profissionais estipulam condições de trabalho aplicáveis a todos os empregados e empregadores da categoria signatária do instrumento normativo, enquanto o acordo coletivo se restringe à empresa, ou empresas signatárias do instrumento normativo e aos seus respectivos empregados.

---

(7) ROMITA, Arion Sayão. *Revista LTr,* v. 81, n. 06, p. 654 e 655, jun. 2017.

(8) Disponível em: <http://www.sebrae.com.br/sites/PortalSebrae/ufs/mt/noticias/micro-e-pequenas-empresas-geram-27-do-pib-do-brasil,ad0fc70646467410VgnVCM2000003c74010aRCRD>.

(9) RAMALHO, Maria do Rosário Palma. *Insegurança ou diminuição do emprego?* A rigidez do sistema jurídico português em matéria de cessação do contrato de trabalho e de trabalho atípico. *Revista LTr.* v. 64-08, p. 1018, ago. 2000.

No direito português, conforme Pedro Romano Martinez[10] " (...) o art. 536º, n. 1, alíneas a) e b), do CT dispõe que, sendo o conflito entre acordos de empresa e acordos colectivos, por um lado, e contratos colectivos, por outro, prevalecem os primeiros, porque o acordo de empresa é um instrumento colectivo mais específico, na medida em que foi negociado por uma associação sindical com uma só empresa, atendendo às especificidades desta. O mesmo argumento vale no confronto entre os acordo colectivos e os contrato colectivos."

Havendo um conflito de normas entre um acordo coletivo, norma específica à relidade daqueles trabalhadores na empresa, e uma convenção coletiva, norma aplicável a toda a categoria, conforme o disposto no art. 620 da CLT, "as condições estabelecidas em acordo coletivo de trabalho sempre prevalecerão sobre as estipuladas em convenção coletiva de trabalho." Sendo assim, os acordos coletivos deveriam ampliar os direitos dos empregados, porque havendo conflito entre eles, prevalecerá sobre a convenção coletiva, independentemente de ser mais benéfico.

Diante das finalidades e peculiaridades do Direito do Trabalho e como não existe hierarquia em relação a essas duas normas ou uma reserva de competência material, mencionado art. 620 da CLT deveria ser norteado pelo critério da norma mais favorável ao empregado. O princípio da norma mais favorável é prestigiado na doutrina e jurisprudência do direito do trabalho há décadas e está previsto no caput do art. 7º da CF/88 que dispõe que "são direitos dos trabalhadores urbanos e rurais, além de outros que visem à melhoria de sua condição social".

Amauri Mascaro Nascimento[11] ensina que: "As estipulações in pejus de direitos assegurados por lei, quando autorizadas por lei, são admitidas, porque é a lei a expressão da vontade geral e, por expressar o interesse geral, pode sobrepor-se ao particular." E acrescenta que: "As vantagens conseguidas pelos trabalhadores pela negociação coletiva, não garantidas pela lei, mas apenas nos contratos coletivos, não são gerais, são específicas, não resultam de um imperativo legal, são direitos conseguidos pela negociação coletiva, motivo pelo qual podem ser reduzidos ou suprimidos pela mesma via. O fundamento validade da redução é o mesmo princípio que autoriza a estipulação mais vantajosa, a autonomia coletiva dos particulares, que não é via de uma só mão, de duas, funcionando tanto para promover os trabalhadores, mas, também em especial na economia moderna, para administrar crises da empresa e da economia, o que justifica a redução dos salários dos empregados de uma empresa, pela negociação coletiva."

Ronaldo Lima dos Santos[12], no mesmo sentido, esclarece que: "Desse modo, um acordo coletivo que, em princípio, apresenta-se menos favorável para os trabalhadores de determinada empresa em comparação com a convenção coletiva da categoria, pode apresentar-se mais idôneo para reger as peculiaridades da realidade da coletividade de trabalhadores para a qual foi elaborada. Um acordo nesse sentido pode tornar-se mediata e efetivamente mais favorável para a coletividade de trabalhadores, obstando os prejuízos que poderiam advir de uma convenção coletiva que se apresentaria imediata e nominalmente mais vantajosa."

Henrique Macedo Hins[13], ao comentar o princípio da norma mais favorável, esclarece que: "... é fato que desde a década de 80 vem esse princípio perdendo força nas relações de trabalho. Não só por meio de negociação coletiva, mas sobretudo em face de novas leis estatais, vem-se mitigando o poder e o efeito vinculativo desse princípio maior do direito do trabalho, para fazer frente à nova e dura realidade econômica enfrentada pelas empresas (empregadores) no mundo todo."

Fernando Hugo R. Miranda[14] ao mencionar que toda a disciplina jurídica brasileira de coordenação entre negociações coletivas de diferentes níveis emanam da disposição do art. 620 da CLT, que, na redação anterior, se limitava a afirmar que disposições oriundas de convenções coletivas, quando mais favoráveis, prevalecerão sobre o estabelecido em acordo coletivo, pondera que: "O texto do dispositivo, embora esboce preocupação com a condição do trabalhador, ao adotar explicitamente o princípio da norma mais favorável em nada estimula a coordenação entre a negociação coletiva de diferentes níveis. Não se sabe, por exemplo, se segundo o dispositivo poderia ser criada, por meio de uma convenção coletiva, uma política comum acerca de trabalho

---

(10) MARTINEZ, Pedro Romano. Direito do Trabalho. 4. ed. Coimbra: Almedina, jul. 2008. p. 277.
(11) NASCIMENTO, Amauri Mascaro. Compêndio de Direito Sindical. 8 ed. São Paulo: LTr, 2015. p. 443-444.
(12) SANTOS, Ronaldo Lima dos. Teoria das Normas Coletivas. 3 ed. São Paulo: LTr, 2014. p. 296-297.
(13) HINZ, Henrique Macedo. Cláusulas Normativas de Adaptação. Acordos e convenções coletivos como formas de regulação do trabalho no âmbito das empresas. São Paulo: Saraiva, 2007. p. 110.
(14) MIRANDA, Fernando Hugo R. A descentralização da negociação coletiva – compreendendo o fenômeno por meio de uma análise comparada da experiência brasileira, francesa e alemã. Revista LTr, v. 76-12, p. 1503, dez. 2012.

suplementar que vedasse a todas as empresas da área de abrangência da convenção, por exemplo, adotar banco de horas em bases superiores a semestrais, mesmo que por meio de acordo coletivo. Igualmente, não seria seguro prever qual seria a validade de eventual convenção onde fosse estipulado um teto de reajuste salarial a serem observados em negociação ao nivel da empresa (acordos coletivos), limitando, portanto, a pressão de sindicatos nesse âmbito. A prerrogativa de definir baliza aos ajustes ao nível de empresa representa um relevante instrumento de barganha em negociações de escopo ampliado, para ambos os lados."

Fernando Hugo R. Miranda[15] em seu artigo sobre o processo de descentralização da negociação coletiva esclarece que: "A implicação formal é o aumento das chamadas "cláusulas abertas" (*opening clauses*), que autorizam mudanças em nível local do que acordado no nivel da categoria, podendo ou não haver determinação de prévia apreciação pelas entidades de cúpula. Tais cláusulas abertas são a base para as "alianças pelo emprego e competividade" (*betrieblicheBündnisse für Arbeit*) no nível da empresa, em troca de outras vantagens, como estabilidade no trabalho. Questões salariais, como reajustes definidos na negociação no âmbito da categoria, encontram nas cláusulas abertas a possibilidade de fixação de certas condições para sua implementação ao nível da empresa, de acordo com a performance alcançada pela firma."

5. POSSIBILIDADES E LIMITES NA NEGOCIAÇÃO COLETIVA

As normas coletivas podem conferir, aumentar, reduzir ou até mesmo em algumas situações suprimir direitos, observando o mínimo legal e a inexistência de norma estatal proibitiva sobre o assunto e irão prevalecer sobre os direitos já previstos na norma jurídica existente, com fundamento no art. 7º, inciso XXVI, da CF/1988.

Amauri Mascaro Nascimento[16] ensina que: "O que se verifica é que o modelo tradicional de convenção coletiva está se transformando profundamente, e a contratação coletiva já não é necessariamente um instrumento para a formação de acordos vinculantes entre as partes, deixou de ser um mecanismo unilateral de introdução de melhorias em nível coletivo para os trabalhadores, passando a ser um instrumento bilateral cujo conteúdo é também gerencial e administrativo, concessivo ou recessivo, perante um sindicalismo mais maleável e disposto a considerar as situações pelas quais uma empresa pode passar, as suas dificuldades e crises e a necessidade de ação conjunta visando o interesse comum da defesa dos empregos." O autor[17] acrescenta ainda que na sua relação com a economia: "É meio de distribuição de riquezas numa economia em prosperidade, ou de redução de vantagens do assalariado numa economia em crise. Exerce papel ordenador numa economia debilitada e em recessão. Permite ajustes entre possibilidades da empresa, segundo o seu tamanho e necessidades do trabalhador."

A propósito, Renato Rua de Almeida[18] ressalta que: "a negociação coletiva, baseada na autonomia privada coletiva, passa a constituir, por excelência, a maneira mais eficaz de regular a relação de emprego, através das cláusulas normativas não só das convenções coletivas de trabalho, mas, principalmente, dos acordos coletivos de trabalho, por estarem estes últimos ainda mais próximos da vida das empresas."

É o que acontece, primeiramente, quando os acordos e convenções coletivas de trabalho criam ou ampliam as vantagens previstas no ordenamento heterônomo estatal, possibilitando melhores condições de trabalho junto a seus empregadores.

Todavia, quando a negociação coletiva visa à redução ou supressão dos direitos previstos no ordenamento jurídico, é necessário verificar, inicialmente, se eles possuem uma indisponibilidade relativa ou absoluta. Se tiver uma indisponibilidade relativa poderão prevalecer, todavia se essa indisponibilidade for absoluta não poderão ser sequer objeto de negociação coletiva.

Mauricio Godinho Delgado[19] ao tratar dos critérios de harmonização entre regras jurídicas oriundas da negociação coletiva e as regras jurídicas proveniente da legislação heterônoma estatal chama as possibilidades e limites de *princípio da adequação setorial negociada*. O autor ao esclarecer a possibilidade de negociação

---

(15) MIRANDA, Fernando Hugo R. A descentralização da negociação coletiva – compreendendo o fenômeno por meio de uma análise comparada da experiência brasileira, francesa e alemã. *Revista LTr*, v. 76-12, p. 1499, dez 2012.
(16) NASCIMENTO, Amauri Mascaro. *Direito Contemporâneo do Trabalho*. São Paulo: Saraiva, 2011. p. 303.
(17) NASCIMENTO, Amauri Mascaro. *Direito Contemporâneo do Trabalho*. São Paulo: Saraiva, 2011. p. 304.
(18) ALMEIDA, Renato Rua de. O moderno direito do trabalho e a empresa: negociação coletiva, representação dos empregados, direito à informação, participação nos lucros e regulamento interno. *Revista LTr*, v. 62-01, p. 37, jan. 1998.
(19) DELGADO, Mauricio Godinho. *Direito Coletivo do Trabalho*. 6 ed. São Paulo: LTr, 2015. p. 71-72.

de direitos com indisponibilidade relativa, afirma que nela "(...) o princípio da indisponibilidade de direitos é realmente afrontado, mas de modo a atingir somente parcelas de indisponibilidade relativa. Estas assim se qualificam quer pela natureza própria à parcela mesma (ilustrativamente, modalidade de pagamento salarial, tipo de jornada pactuada, fornecimento ou não de utilidade e suas repercussões no contrato, etc.), quer pela existência de expresso permissivo jurídico a seu respeito (por exemplo, montante salarial: art. 7º, VI, CF/1988; ou montante de jornada: art. 7º, XIII e XIV, CF/88).

Em relação aos direitos que possuem indisponibilidade absoluta e, portanto, não poderão ser objeto de negociação, podemos afirmar que são aqueles que possuem uma tutela de interesse público, tais como, normas de tratados e convenções internacionais vigentes no plano interno brasileiro, normas de medicina e segurança do trabalho, dispositivos anti-discriminatórios e o salário mínimo.

Homero Batista Mateus da Silva esclarece que [20] "É muito fácil dizer que não se pode negociar matéria concernente à segurança e à medicina do trabalho, mais fácil ainda, dizer que não se pode transigir em norma de ordem pública. Ocorre que o fervilhar das relações trabalhistas torna difícil saber até onde vai a segurança do trabalho e onde termina a norma de ordem pública, se, aliás, todo o direito do trabalho parece ter sido forjado na adversidade, mas sem deixar embrutecer. A proposta deste curso é estabelecer um conceito alargado de segurança do trabalho, para a identificação das matérias infensas à negociação coletiva, capaz de abranger também os limites de jornada e o respeito às pausas, porque o cansaço extremo do trabalhador é causa notória de falta de segurança, aumento de índice de acidente e diminuição de produtividade."

O art. 611-A da CLT é expresso em relação à prevalência da Convenção coletiva e o acordo coletivo de trabalho sobre a lei em algumas situações. Senão vejamos:

> Art. 611-A. A convenção coletiva e o acordo coletivo de trabalho têm prevalência sobre a lei quando, entre outros, dispuserem sobre:
>
> I- pacto quanto à jornada de trabalho, observados os limites constitucionais;
>
> II- banco de horas anual;
>
> III- intervalo intrajornada, respeitado o limite mínimo de trinta minutos para jornadas superiores a seis horas;
>
> IV- adesão ao Programa Seguro-Emprego (PSE), de que trata a Lei n. 13.189, de 19 de novembro de 2015;
>
> V- plano de cargos, salários e funções compatíveis com a condição pessoal do empregado, bem como identificação dos cargos que se enquadram como funções de confiança;
>
> VI- regulamento empresarial;
>
> VII- representante dos trabalhadores no local de trabalho;
>
> VIII- teletrabalho, regime de sobreaviso, e trabalho intermitente;
>
> IX- remuneração por produtividade, incluídas gorjetas percebidas pelo empregado, e remuneração por desempenho individual;
>
> X- modalidade de registro de jornada de trabalho;
>
> XI- troca do dia de feriado;
>
> XII- enquadramento do grau de insalubridade;
>
> XIII- prorrogação de jornada em ambientes insalubres, sem licença prévia das autoridades competentes do Ministério do Trabalho;
>
> XIV- prêmios de incentivo em bens ou serviços, eventualmente concedidos em programas de incentivo;
>
> XV- participação nos lucros ou resultados da empresa.
>
> § 1º No exame da convenção coletiva ou do acordo coletivo de trabalho, a Justiça do Trabalho observará o disposto no § 3º do art. 8 desta Consolidação.
>
> § 2º A inexistência de expressa indicação de contrapartidas recíprocas em convenção coletiva ou acordo coletivo de trabalho não ensejará sua nulidade por não caracterizar um vício do negócio jurídico.
>
> § 3º Se for pactuada cláusula que reduza o salário ou a jornada, a convenção coletiva ou o acordo coletivo de trabalho deverão prever a proteção dos empregados contra dispensa imotivada durante o prazo de vigência do instrumento coletivo.

Em relação ao § 3º do art. 611-A, limita ao máximo a intervenção dos juízes do Trabalho.

Com a sanção da Lei n. 13.487/2017, o negociado coletivamente, seja por acordo ou convenção coletiva, passa a prevalecer sobre a lei, em assuntos que vão além do que está previsto no art. 7º da CF/1988.

O art. 611-B, por sua vez, é expresso em relação ao que constituem objeto ilícito de convenção coletiva ou de acordo coletivo de trabalho e em seu parágrafo único afirma que as regras sobre duração do trabalho e intervalos não são consideradas como normas de saúde, higiene e segurança do trabalho.

---

(20) SILVA, Homero Batista Mateus da. *Curso de Direito do Trabalho Aplicado. Direito Coletivo do Trabalho*. Rio de Janeiro: Elsevier, v. 7, 2010, p. 189-190.

Art. 611-B Constituem objeto ilícito de convenção coletiva ou de acordo coletivo de trabalho, exclusivamente, a supressão ou a redução dos seguintes direitos:

I- normas de identificação profissional, inclusive as anotações na Carteira de Trabalho e Previdência Social;

II- seguro-desemprego, em caso de desemprego involuntário;

III- valor dos depósitos mensais e da indenização rescisória do Fundo de Garantia do Tempo de Serviço (FGTS);

IV- salário mínimo;

V- valor nominal do décimo terceiro salário;

VI- remuneração do trabalho noturno superior à do diurno;

VII- proteção do salário na forma da lei, constituindo crime sua retenção dolosa;

VIII- salário-família;

IX- repouso semanal remunerado;

X- remuneração do serviço extraordinário superior, no mínimo, em 50% (cinquenta por cento) à do normal;

XI- número de dias de férias devidas ao empregado;

XII- gozo de férias anuais remuneradas com, pelo menos, um terço a mais do que o salário normal;

XIII- licença-maternidade com a duração mínima de cento e vinte dias;

XIV- licença-paternidade nos termos fixados em lei;

XV- proteção do mercado de trabalho da mulher, mediante incentivos específicos, nos termos da lei;

XVI- aviso-prévio proporcional ao tempo de serviço, sendo no mínimo de trinta dias, nos termos da lei;

XVII- normas de saúde, higiene e segurança do trabalho previstas em lei ou em normas regulamentadoras do Ministério do Trabalho;

XVIII- adicional de remuneração para as atividades penosas, insalubres ou periculosas;

XIX- aposentadoria;

XX- seguro contra acidentes do trabalho, a cargo do empregador;

XXI- ação, quanto aos créditos resultantes das relações de trabalho, com prazo prescricional de cinco anos para os trabalhadores urbanos e rurais, até o limite de dois anos após a extinção do contrato de trabalho;

XXII- proibição de qualquer discriminação no tocante a salário e critérios de admissão do trabalhador com deficiência;

XXIII- proibição de trabalho noturno, perigoso ou insalubre a menores de dezoito anos e de qualquer trabalho a menores de dezesseis anos, salvo na condição de aprendiz, a partir dos quatorze anos;

XXIV- medidas de proteção legal de crianças e adolescentes;

XXV- igualdade de direitos entre o trabalhador com vínculo empregatício permanente e o trabalhador avulso;

XXVI- liberdade de associação profissional ou sindical do trabalhador, inclusive o direto de não sofrer, sem sua expressa e prévia anuência, qualquer cobrança ou desconto salarial estabelecidos em convenção coletiva ou acordo coletivo de trabalho;

XXVII- direito de greve, competindo aos trabalhadores decidir sobre a oportunidade de exercê-lo e sobre os interesses que devam por meio dele defender;

XXVIII- definição legal sobre os serviços ou atividades essenciais e disposições legais sobre o atendimento das necessidades inadiáveis da comunidade em caso de greve;

XXIX- tributos e outros créditos de terceiros;

XXX- as disposições previstas nos arts. 373- A, 390, 392, 392- A, 394, 394-A, 395, 396 e 400 desta Consolidação.

Parágrafo único. Regras sobre duração do trabalho e intervalos não são consideradas como normas de saúde, higiene e segurança do trabalho para os fins do disposto neste artigo.

Em relação aos direitos que possuem indisponibilidade absoluta e que, portanto, não poderiam ter sido previstos na CLT a sua supressão ou redução por negociação coletiva, pois são normas de medicina e segurança do trabalho, temos as normas de duração do trabalho e em especial os intervalos para refeição e descanso. Note-se que o parágrafo único do art. 611-B da CLT é expresso em sentido contrário, bem como o inciso III do art. 611-A da CLT, dispõe que o intervalo para refeição e descanso deverá respeitar o limite mínimo de 30 minutos para jornada superiores a seis horas, podendo dessa forma ser objeto de negociação coletiva após a reforma trabalhista.

Sobre a disponibilidade dos direitos por meio da negociação coletiva, Arion Sayão Romita entende que:

> A disponibilidade dos direitos dos trabalhadores por meio da negociação coletiva encontra limite nos direitos fundamentais dos trabalhadores. Não podem ser negociados direitos como a honra, o respeito à intimidade, o direito aos repousos, o direito ao salário mínimo, o direito de greve etc., embora o modo de exercê-los possa e deva constituir objeto de regulamentação pela via da negociação coletiva. São, em resumo,

aqueles direitos que a doutrina denomina os "mínimos de direito necessário". Os direitos fundamentais dos trabalhadores (portanto, direitos indisponíveis em caráter absoluto, insuscetíveis de renúncia mesmo em sede coletiva) são os seguintes:

- direitos da personalidade (honra, intimidade, imagem)
- liberdade ideológica
- liberdade de expressão e de informação
- igualdade de oportunidades e de tratamento
- não discriminação
- idade mínima de admissão ao emprego
- salário mínimo
- saúde e segurança do trabalho
- proteção contra a despedida injustificada
- direito ao repouso (intervalos, limitação da jornada, repouso semanal e férias)
- direito de sindicalização
- direito de representação dos trabalhadores e sindical na empresa
- direito à negociação coletiva
- direito de greve
- direito ao ambiente de trabalho saudável.

Estes são os direitos fundamentais do trabalhador na relação de trabalho. São direitos intangíveis, irrenunciáveis, postos a salvo das estipulações in pejus no bojo da negociação coletiva. A norma coletiva não pode, sob pena de ofensa à dignidade do trabalhador como pessoa humana, negar ao empregado o direito à aquisição de qualquer desses direitos. (...)[21]

Mauricio Godinho Delgado[22] esclarece que esses direitos constituem "(...) um patamar civilizatório mínimo que a sociedade democrática não concebe ver reduzido em qualquer seguimento econômico-profissional, sob pena de se afrontarem a própria dignidade da pessoa humana e a valorização mínima deferível ao trabalho (arts. 1º, III, e 170, caput, CF/88)."

6. CONCLUSÃO

A negociação coletiva é um direito fundamental do trabalhadores, devidamente previsto no ordenamento interno e nas normas internacionais aprovadas pela Organização Internacional do Trabalho, que foram ratificadas pelo Brasil.

Diante da crise na representatividade sindical, a descentralização da negociação coletiva já era prevista por diversos doutrinadores, para que possibilitasse a manutenção de alguns direitos e garantias dos trabalhadores, bem como fosse mantida a atividade econômica.

Analisando o art. 620 da CLT, bem como as disposições do art. 611-A e 611-B da CLT, vemos o duro resultado da revolução trazida pela reforma trabalhista.

Os raciocínio utilizado para a garantia dos direitos fundamentais dos trabalhadores através de uma negociação em que se analisava a condição mais favorável para a categoria, apenas com algumas exceções, foi alterado para se adaptar a realidade da coletividade de trabalhadores para a qual será elaborada a norma coletiva. Após a reforma trabalhista, até os limites para as alterações in pejus de direitos dos trabalhadores, eis que alguns direitos eram garantidos porque entendidos como normas de medicina e segurança do trabalho, foram suprimidos por expressa previsão legal.

Isso porque a CF/1988 conferiu amplo reconhecimento às negociações coletivas de trabalho e, além disso, os acordos coletivos podem reduzir direitos quando existe previsão legal, afastando o entendimento de que haveria em algumas hipóteses a precarização das relações do trabalho.

A disposição do art. 620 da CLT, dessa forma, é resultado de uma tendência verificada mundialmente, de se diminuir a proteção dos trabalhadores, todavia deverá ser alargado o conceito de medicina e segurança do trabalho previsto na nova lei trabalhista, eis que as matérias objeto de negociação coletiva devem observar os limites da jornada constitucionalmente previsto e o respeito às pausas no trabalho, porque a não observância desses limites será causa de acidente de trabalho e de diminuição da produtividade do trabalhador.

Com essas ressalvas, os direitos básicos dos trabalhadores serão preservados, em especial a dignidade da pessoa humana e a manutenção do emprego e serão harmonizados com os conflitos trazidos pela globalização, pela crescente competitividade e a pela crise econômica, pois viabilizarão a flexibilização das normas trabalhistas e a manutenção da atividade econômica.

---
(21) ROMITA, Arion Sayão, *Revista LTr*, v. 81, n. 06, jun. 2017, fl. 655.
(22) DELGADO, Mauricio Godinho. *Direito Coletivo do Trabalho*. 4 ed. São Paulo: LTr, 2011. p. 177.

7. REFERÊNCIAS BIBLIOGRÁFICAS

ALMEIDA, Renato Rua de. A descentralização do nível da negociação coletiva para o âmbito da empresa. *Revista LTr*, Suplemento Trabalhista, v. 076/09, ano 45, p. 367-369, 2009.

_____. A mediação e a conciliação e o seu impacto nos dissídios coletivos. *Revista LTr*, Suplemento Trabalhista, v. 047/14, p. 219-222, ano 50, 2014.

_____. A teoria da empresa e a regulação da relação de emprego no contexto da empresa. *Revista LTr*, v. 69, n. 05, p. 573-580, maio 2005.

_____. Negociação coletiva e boa-fé objetiva. *Revista LTr*, v. 74, n. 04, p. 393-396, abr. 2010.

_____. O art. 190 do novo CPC tem aplicabilidade para o dissídio coletivo. *Revista LTr*, v. 80, n. 07, p. 824-827, jul. 2016.

_____. O moderno direito do trabalho e a empresa: negociação coletiva, representação dos empregados, direito à informação, participação nos lucros e regulamento interno. *Revista LTr*, v. 62-01, jan. 1998.

CASSAR, Vólia Bomfim. *Direito do Trabalho*. 5. ed. Rio de Janeiro: Impetus, 2011.

DELGADO, Mauricio Godinho. *Curso de Direito do Trabalho*. 12. ed. São Paulo: LTr, 2013.

_____. *Direito Coletivo do Trabalho*. 6. ed. São Paulo: LTr, 2015.

JORGE NETO, Francisco Ferreira; PESSOA CAVALCANTE, Jouberto de Quadros. *Curso de Direito do Trabalho*. 3. ed. São Paulo: Atlas, 2015.

HINZ, Henrique Macedo. *Clausulas Normativas de Adaptação. Acordos e convenções coletivos como formas de regulação do trabalho no âmbito das empresas*. São Paulo: Saraiva, 2007.

MARTINEZ, Pedro Romano. *Direito do Trabalho*. 4. ed. Coimbra: Almedina, jul. 2008.

MIRANDA, Fernando Hugo R. A descentralização da negociação coletiva – compreendendo o fenômeno por meio de uma análise comparada da experiência brasileira, francesa e alemã. *Revista LTr*, v. 76-12, dez. 2012.

NASCIMENTO, Amauri Mascaro. *Compêndio de Direito Sindical*. 8. ed. São Paulo: LTr, 2015.

_____. *Direito Contemporâneo do Trabalho*. São Paulo: Saraiva, 2011.

RAMALHO, Maria do Rosário Palma. *Insegurança ou diminuição do emprego?* A rigidez do sistema jurídico português em matéria de cessação do contrato de trabalho e de trabalho atípico. *Revista LTr*, v. 64-08, ago. 2000.

ROMITA, Arion Sayão. O poder pormativo da Justiça do Trabalho na reforma do judiciário. *Síntese Trabalhista*, Porto Alegre, v. 7, n. 193, p. 10-35, jul. 2005.

_____. *Revista LTr*, v. 81, n. 06, p. 647-657, jun. 2017.

SANTOS, Ronaldo Lima dos. *Teoria das Normas Coletivas*. 3. ed. São Paulo: LTr, 2014.

SOARES, Rodrigo Chagas. *Negociação coletiva de trabalho com o comitê de representantes dos trabalhadores da empresa*. São Paulo: LTr, 2015.

SILVA, Homero Batista Mateus da. *Curso de Direito do Trabalho Aplicado, v. 7: Direito Coletivo do Trabalho*. 3. ed. Rio de Janeiro: Elsevier, 2015.

VIANNA, Márcio Túlio. A nova competência, as lides sindicais e o anteprojeto de reforma. *Revista do Tribunal Regional do Trabalho da 3ª Região*, Belo Horizonte, v. 40, n. 70, p. 19-33, jul./dez. 2004.

Dos Direitos Fundamentais do Idoso e sua Inclusão no Mercado de Trabalho

ADRIANA GALVÃO MOURA ABÍLIO
Advogada, Mestre em Direito Constitucional, Doutoranda em Direito pela Pontifícia Universidade Católica de SP – PUC/SP, Conselheira Secional da OAB/SP e Professora Universitária.

O envelhecimento é um direito personalíssimo e a sua proteção um direito social[1].

1. INTRODUÇÃO

"A longevidade mudará totalmente a configuração demográfica do século XXI[2]" A esperada transformação da pirâmide etária é realidade. O estreitamento da base, com menor número de nascimentos e alargamento do topo, com maior expectativa de vida por parte dos mais velhos está afetando a realidade do país, com adequação sobre todas as questões que envolvem políticas públicas nas relações de trabalho.

O Idadismo, Ageísmo ou Etarismo são palavras tratadas como sinônimos que caracterizam a discriminação aos idosos. Nota-se que os discursos, gestos e atitudes acontecem de tal forma que as pessoas não percebem o próprio preconceito[3].

A propagação e reprodução automática de falas preconceituosas faz com que se perpetuem conceitos sem que haja uma reflexão sobre tal veracidade e pertinência. Para Magalhães[4], isto demonstra uma falta de empatia por não reconhecer a heterogeneidade da qual é acometida a velhice.

O Idadismo continua a se manifestar no discurso cotidiano em afirmações verbais ou gestuais,

---

(1) Art. 8º BRASIL. *Constituição Federal (1998)*. Brasília, DF. Disponível em: <http://www.planalto.gov.br/ccivil_03/constituicao/constituicao.htm>. Acesso em: 10 jul. 2017.

(2) BODSTEIN, A.; LIMA, V. V. A. de; BARROS, A. M. A. de. A Vulnerabilidade do Idoso em Situações de Desastres: Necessidade de uma política de Resiliência Eficaz. *Ambiente & Sociedade*. São Paulo, v. XVII, n. 2, abr.-jun. 2014. Disponível em: <http://www.scielo.br/pdf/asoc/v17n2/a11v17n2.pdf>. Acesso em: 14 abr. 2017. p. 157.

(3) SOUZA, A. C. S. N.; LODOVICI, F. M. M.; SILVEIRA, N. D. R.; ARANTES, R. P. G. Alguns Apontamentos sobre o Idadismo: a Posição de Pessoas Idosas diante desse Agravo à sua Subjetividade. *Estudos Interdisciplinares sobre o Envelhecimento*. Porto Alegre, v. 19, n. 3, 2014. Disponível em: <http://www.seer.ufrgs.br/index.php/RevEnvelhecer/article/view/50435/33290>. Acesso em: 9 jul. 2017, p. 854.

(4) MAGALHÃES, M. L. C. de. A discriminação do trabalhador idoso– responsabilidade social das empresas e do Estado. *Revista do Tribunal Regional da 3ª Região*, Belo Horizonte, v. 48, n. 78, jul./dez. 2008. Disponível em: <https://juslaboris.tst.jus.br/bitstream/handle/1939/74044/2008_magalhaes_maria_discriminacao_trabalhador.pdf?sequence=1>. Acesso em: 13 jul. 2017, p. 855.

particularmente dos mais jovens. Tais atitudes revelam uma mera repetição de clichês de seu imaginário que aparecem dirigidas a um outro ser, não-humano; como se estes mais jovens não estivessem também em processo de envelhecimento, não se dando conta de que todos somos seres envelhecentes.[5]

Para Goldani[6] Ageísmo são os atos que se revelam contra o idoso, já Discriminação por Idade trata-se da situação na qual o idoso está em função da idade. Em Magalhães[7], temos que na origem do termo Ageísmo, o sufixo "ismo" deve ser entendido tal qual se apresenta em racismo e sexismo. Portanto, uma nova forma de *bullying* social, tanto na própria família quanto pela sociedade[8].

Um fato curioso que apesar de estar em voga na mídia a discussão sobre o *bullying*, nada se diz sobre preconceito ao idoso. O diálogo quando estabelecido se dá no viés da violência física, psicológica e financeira contra o maior de 60 anos, devido sua condição mais frágil. Os mais velhos, saudáveis, mas que sofrem *apartheid* social e não encontram emprego não são entendidos com um grupo a ser protegido por políticas públicas.

Em estudos sobre a temática de Heller[9], Patto[10] diz:

> Tomando por base a afirmação de que "a ultrageneralização é inevitável na vida cotidiana, mas seu grau nem sempre é o mesmo" Heller[11] (1972, p. 45) cria espaço teórico para a definição de um tipo particular de juízo provisório: o Preconceito. Mais que juízo provisório, o preconceito é um juízo falso, ou seja, um juízo que poderia ser corrigido com base na experiência, no pensamento, no conhecimento e na decisão moral individual, mas não o que é porque confirma ações anteriores, é compatível com a conformidade e o pragmatismo da vida cotidiana e protege de conflitos. Na qualidade de juízo provisório que se conserta inabalado contra todos os argumentos da razão, o preconceito tem como componente afetivo a fé, um dos afetos que pode nos ligar a uma opinião, visão ou convicção. E o limite é a intolerância emocional, intimamente ligada à satisfação de necessidades da particularidade.

"Os preconceitos têm a função de consolidar e manter a estabilidade e a coesão de integrações sociais, principalmente as classes sociais...[12]". Para a autora Heller, preconceito de grupo compreende os juízos falsos para a homogeneização do grupo[13].

A velhice vista como uma fase ruim, nada mais é do que uma construção social. O relógio que dita às regras desde a industrialização, atribuiu a cada fase da vida o que se deve fazer: brincar, estudar, trabalhar, casar e ter filhos, esqueceu-se dos idosos[14]. Nada foi designado aos mais velhos, e como o que importa é a utilidade antes das coisas, e desde a Revolução Industrial, encontrou-se no modelo econômico adotado um fundamento para exclusão social e preconceito contra os já de idade avançada.

"Falando em longevidade humana, esta não pode deixar de ser vista como de proveito coletivo, conforme afirma Debert[15], no entanto, ela tem-se revelado como uma ameaça, na verdade, à reprodução da vida social"[16]. O antagonismo existente ente jovens e idosos, dão aos últimos um status saudosista, um futuro sem perspectivas, como um corpo preso ao passado[17].

Como a vida social se dá muitas vezes em função das relações que estabelecemos no trabalho, uma vez que utilizamos um terço do nosso dia em afazeres ligados à nossa profissão, ficar sem trabalhar é ficar a

---

(5) AGAMBEN, 2009, apud SOUZA et. al., *op. cit.*, p. 856.
(6) 2010, apud Souza et. al., *op. cit.*, p. 857.
(7) 2009, apud., id., ibid., *loc. cit.*
(8) SOUZA et. al., *op. cit.*, p. 857.
(9) 1972, apud., Id., ibid., p. 859.
(10) 1990 apud., Id., ibid., *loc. cit.*
(11) 1972, p. 45, apud., Id. Ibid., *loc. cit.*
(12) Id. Ibid., *loc. cit.*
(13) Id. Ibid., *loc. cit.*
(14) GROTH, 2003, apud., Id. Ibid., *loc. cit.*
(15) 1999. Id. Ibid., *loc. cit.*
(16) apud., Souza et. al., 2014, p. 859.
(17) MARCANTE, 2007, apud., Id. Ibid., *loc. cit.*

margem do convívio social. Incluir o idoso no mercado de trabalho é antes de tudo questão de saúde pública, pois evita uma doença que junto às crônicas são as que mais acometem as pessoas neste nesta segunda década do século XXI, ou seja, a depressão.

O preconceito geracional é uma forma de elitismo, considera-se o jovem com mais utilidade e mais beleza do que o idoso, visão nos é ensinada desde a infância, e assim vamos perpetuando estes estereótipos[18].

Assim é que, dentre as questões a serem desenvolvidas, no presente estudo, procurar-se-á demonstrar que o preconceito e a discriminação contra o idoso nas relações de trabalho é incontroverso. O respeito ao direito do idoso, parte do princípio da proteção da dignidade da pessoa humana, o que tem como fundamento o Estado Democrático de Direito, ressaltando-se que a concretização do referido princípio somente se dará com a observância do princípio geral de não-discriminação por idade.

2. DOS DIREITOS FUNDAMENTAIS E A PROTEÇÃO CONSTITUCIONAL DO IDOSO

Importante destacar o processo de evolução histórica dos direitos fundamentais para demonstrarmos a busca contínua dos países para resguardar os direitos do homem, em particular aqueles direitos que afloraram de um processo evolutivo da própria sociedade, que passa por constantes mudanças.

O processo de declaração dos direitos fundamentais, e sua inserção nas Constituições, iniciou-se após a Segunda Grande Guerra Mundial, com o despertar de toda a comunidade internacional no que tange a proteção dos direitos da pessoa humana, como forma de garantir a sua dignidade, em *âmbito* mundial.

Cumpre ressaltar a preocupação da comunidade internacional com relação à proteção dos direitos humanos, tendo em vista as atrocidades cometidas pelos regimes fascista, stalinista e nazista, que causaram violência física e principalmente moral a inúmeras pessoas, representando grande ameaça à paz mundial, comprometendo a estabilidade das relações internacionais.

A Declaração Universal de Direitos Humanos surge após a Segunda Grande Guerra para selar o compromisso dos países com a paz, após grandes destruições e genocídios.

No art. VII, "todos são iguais perante a lei e têm direito, sem qualquer distinção, a igual proteção da lei. Todos têm direito a igual proteção contra discriminação que viola a presente Declaração e contra qualquer incitamento a tal discriminação"[19].

No entender de Canotilho[20], as expressões "direitos do homem" e "direitos fundamentais" são frequentemente utilizadas como sinônimas. Segundo a sua origem e significado, poder-se-ia distingui-las da seguinte maneira. Direitos do homem são direitos válidos para todos os povos e em todos os tempos (dimensão jusnaturalista-universalista), e direitos fundamentais, são os direitos do homem garantidos (dimensão jurídico-institucionalmente). Os direitos do homem adviriam da própria natureza humana e daí o seu caráter inviolável, intemporal e universal; os direitos fundamentais seriam os direitos objetivamente vigentes em uma ordem jurídica concreta.

Quanto ao regramento constitucional brasileiro, já a partir de seu preâmbulo, a Constituição expressa e claramente garantiu seu compromisso ideológico e doutrinário com os direitos fundamentais como alicerce básico do Estado democrático de direito, ao anunciar que este se destina a assegurar o exercício dos direitos sociais e individuais, a liberdade, a segurança, o bem-estar, o desenvolvimento a igualdade e a justiça como valores supremos de uma sociedade fraterna, pluralista e sem preconceitos[21].

A expressão "sem preconceitos", claramente expressa na Constituição Federal, como forma de assegurar o exercício de direitos sociais e individuais e que nos remete à ideia de garantir ao idoso um ambiente de trabalho sem preconceitos e discriminações.

A Constituição da República elimina a discriminação quando proclama a igualdade e a Justiça como valores que regem a sociedade, fatos que devem ser assegurados pelo Estado Democrático[22].

Em texto de Lopes[23], fala-se em Estado de Direito sem que a igualdade seja levada em consideração, faz

---

(18) LEVY, 2014; SPOSATI, 2011 apud., Id. Ibid., *loc. cit*.
(19) Declaração Universal do Direito do Homem, 1948, apud Souza et. al., 2014, p. 7.
(20) *Direito Constitucional*. 15. ed. São Paulo: Atlas, 2004.
(21) *Curso de Direito Constitucional*. São Paulo: Malheiros, 2014.
(22) RENAULT, L. O. L.; VIANA, M. T.; CANTELLI, P. O. *Discriminação*. 2. ed. São Paulo: LTR, 2010. p. 350.
(23) LOPES, O. B. A Questão da Discriminação no Trabalho. *Revista Jurídica Virtual*. Brasília, v. 2, n. 17, out. 2000. Disponível em: <http://revistajuridica.presidencia.gov.br/index.php/saj/article/view/981/966>. Acesso em: 10 jul. 2017. p. 1.

dos princípios uma falácia. Na busca por justiça, a igualdade das pessoas e tratamentos deve reger a Democracia. "Os direitos fundamentais não podem ser estudados à margem da ideia de igualdade"[24].

A discriminação, seja nas relações de trabalho ou na vida social, é forma antagônica a igualdade, isso é, quando discriminamos sem fundamentação em valores maiores como o bem-estar do trabalhador, do consumidor etc., estamos infringindo um preceito fundamental.

O art. 3º, IV, dispõe que é objetivo fundamental da República Federativa do Brasil promover o bem de todos, sem preconceitos de origem, raça, sexo, cor, idade e quaisquer outras formas de discriminação. Ao determinar a promoção do bem de todos, a normal superior inclui aí a proteção do idoso e por consequência a sua não-discriminação.

Também, a Constituição Federal no art. 5º: "todos são iguais perante a lei, sem distinção de qualquer natureza, garantindo-se aos brasileiros e estrangeiros residentes no País a inviolabilidade do direito à vida, à liberdade, à igualdade, à segurança e à propriedade". Já no art. 7º, XXX há proibição de diferença salarial, das funções e da forma de admissão por motivos de sexo, idade, cor, ou estado civil.

No entanto, esta igualdade a todos deve ser entendida por meio da busca da igualdade formal e da igualdade material. A igualdade formal diz que todos devem ser tratados de forma igual perante a lei; já com relação a igualdade material não pode o legislador editar norma que contenha em seu seio uma discriminação.

Ainda, ecoando como resumo de igualdade a frase aristotélica de que igualdade é tratar igualmente os iguais e desigualmente os desiguais, o axioma não mais é suficiente para ampliar e abarcar todos as formas de descriminação e todas as minorias excluídas. Como bem observa Bandeira de Mello[25],

> a lei, seja ela qual for, nada mais faz que discriminar certos fatos da natureza ou atos do homem e emprestar-lhes consequências jurídicas específicas, o que torna relevante perquirir quais as discriminações intoleráveis juridicamente.

A discriminação no trabalho em relação a pessoa, por ela atingir determinada idade e por isso, se encaixar no grupo classificado como idoso, não parece motivo juridicamente plausível para lhe negar toda dignidade que o emprego proporciona ao homem em qualquer fase da vida. Negar trabalho aos mais velhos é negar-lhes dignidade, e portanto, negar-lhes direito fundamental.

Canotilho[26] preceitua que a aferição da igualdade não deve vir de um axioma, e existirá uma "violação arbitrária da igualdade jurídica quando a disciplina jurídica: I) não se basear em um fundamento sério; II) não tiver um sentido legítimo; III) estabelecer diferenciação jurídica sem um fundamento razoável".

Com o intuito de resguardar o princípio da dignidade da pessoa humana, o texto constitucional estabelece o primado dos direitos fundamentais, ao consagrar, em seus primeiros capítulos, um avançado elenco de direitos e garantias individuais, colocando-os ao patamar de cláusula pétrea, nos termos do art. 60, § 4, inciso IV. A referida medida de inserção dos direitos e garantias fundamentais como direitos intocáveis, demonstram o objetivo do poder constituinte originário em priorizar os direitos humanos como traço marcante e primordial da Lei maior em vigor, o que fundamentalmente não pode ser deixado de lado pelo intérprete, sob pena de este jamais alcançar o autêntico espírito da Constituição.

Para se atingir a máxima eficácia na aplicação dos direitos fundamentais, é necessária a utilização de critérios interpretativos que busquem legitimar e construir uma realidade constitucional pautada em valores substantivos, como liberdade, justiça, e principalmente a dignidade da pessoa humana, independentemente de preconceitos e discriminações por religião, sexo, convicção política/ideológica e particularmente a idade.

O grande desafio dos estudiosos e operadores do Direito é, sem dúvida, garantir a efetiva aplicabilidade dos direitos fundamentais, com base em princípios constitucionais que verdadeiramente assegurem a concretização de um Estado democrático de direitos, razão pela qual compete uma maior atenção à influência dos direitos fundamentais na resolução dos problemas envolvendo as violações de direitos das pessoas idosas.

3. O PRECONCEITO CONTRA O IDOSO E ALGUNS INDICADORES

A percepção do preconceito vem da maneira como o sujeito reflete sua idade e de como se apropria do seu trabalho. Estes eventos ditam como se dá o convívio social, levando-se em consideração seu contexto econômico, social e cultural.

---

(24) MIRANDA, 1998 apud Id., Ibid., *loc. cit.*, p. 201.
(25) BANDEIRA DE MELLO, Celso Antônio. *Conteúdo Jurídico do Princípio da Igualdade*. 3. ed. Malheiros SP, 1999, p. 11.
(26) CANOTILHO, apud., Id., Ibid., p. 4.

A construção e propagação de estereótipos etários nas famílias, nos órgãos governamentais, no sistema de saúde, nos mercados de trabalho assalariado e pela mídia solidificam e perpetuam a ideia de que a divisão por idade é algo natural e que gera conflito entre gerações, o que ameaça a solidariedade[27].

Há uma classificação do idadismo em pessoal (ideias sobre o envelhecimento), cultural (estereótipos sobre o idoso) e estrutural (baixa renda devido à aposentadoria obrigatória e pouco acesso a saúde)[28]. Butler[29] afirma que o preconceito atinge a vida social, o local de trabalho e a saúde do idoso.

A expressão das capacidades se dá de forma distinta apesar das pressões sociais, mas vão ao encontro das normas sociais ao grupo ao qual pertence, uma vez que o idoso também tem interesse em se manter no meio social. As limitações impostas pela idade devem ser avaliadas individualmente, dando a cada um a possibilidade de mostrar com o quanto ainda pode contribuir para o desenvolvimento social e para manutenção de seu próprio sustento e individualidade.

Não se trata apenas de justiça, o que já era motivo suficiente para investimento numa mudança de paradigmas sobre a velhice e sobre o preconceito em manter ou ofertar trabalho a um idoso. Mas, com o aumento da expectativa de vida e com o estreitamento da base da pirâmide etária, trata-se de uma questão de existência de previdência para as gerações futuras, uma vez que os trabalhadores formais custeiam em parte este aporte; e direcionamento certeiro das verbas públicas somente aquele grupo que não possui meios para se sustentarem sozinhos.

> Convive-se em uma sociedade que tem muita dificuldade em lidar com as diferenças, que estigmatiza, que provoca sentimento de impotência e de exclusão, ao afastar determinadas pessoas do mundo produtivo[30].

A abordagem das discriminações múltiplas encaixa-se muito bem na obrigação de uma perspectiva sobre discriminação por idade e preconceito etário no Brasil, uma vez que admite a ideia de que as pessoas possam experimentar opressão e privilégio ao mesmo tempo[31].

Por meio de discursos mal elaborados, cheios de conceitos formados que não correspondem com a realidade, perpetuam-se a ideia do idoso fragilizado pela passagem do tempo e que consequentemente não possui mais capacidade laborativa.

> E de onde vem o poder dominante de discurso apenas com base na variável etária, tomando, pois, por um "furor classificatório" no sentido de Bernadet (2003). De uma tentativa, parece, de abrir e garantir um espaço de atuação na sociedade, não importando por qual meio isso seja feito, importando apenas os fins; ou seja, em vez de possibilitar um convívio feliz entre pessoas de várias gerações, tal discurso tenta afastar aquelas pessoas que possam ser adversárias à ascensão familiar, profissional ou política de alguém[32].

De acordo com a UNFA (Fundo de População das Nações Unidas) uma em cada nove pessoas no mundo tem 60 anos ou mais, e em 2050 este número será de uma em cada cinco pessoas. Sendo o reflexo do mais baixo crescimento populacional aliado a menores taxas de natalidade e fecundidade.

A situação no Brasil confirma esta tendência mundial, segundo o IBGE (Instituto Brasileiro de Geografia e Estatística)entre 2005 e 2015, a proporção de idosos de 60 anos ou mais, passou de 9,8% para 14,3%. Os dados são do estudo "Síntese de Indicadores Sociais (SIS): uma análise das condições de vida da população brasileira 2016".

São 810 milhões de pessoas com 60 anos ou mais no mundo, isto é, 11,5% da população, e espera-se que em menos de 10 anos este número alcance a marca de 1 bilhão e seja de 2 milhões em 2050, ou seja, 22% da população. No Brasil de 1960-2010, a esperança de vida aumentou em 25,4 anos, o número médio de filhos por

---

(27) BARROS, CARVALHO, 2003; TURRA, QUEIROZ, 2009; GOLDANI, 2005; NERI, 2003, apud GOLDANI, A. M. Desafios do "Preconceito Etário" no Brasil. *Educação & Sociedade*. Campinas, v. 31, n. 111, apr.-jun. 2010. Disponível em:<http://www.scielo.br/pdf/es/v31n111/v31n111a07.pdf>. Acesso em: 14 maio 2017. p. 413.

(28) ALLAN, 2008; VERGUEIRO, LIMA 2010, apud SOUZA et. al., *op. cit.*, p. 857.

(29) BUTLER, Robert N. *Age ism*: another for of bigotry. The germtolo just, Oxford, v. 9, n. 4, p. 243-246, 1969.

(30) BULLA, L. C.; KAEFER, C. O. Trabalho e aposentadoria: as repercussões sociais na vida do idoso aposentado. *Revista Virtual & Contextos*, Porto Alegre, n. 2, ano II, p. 1-8, dez. 2003. Disponível em: <http://revistaseletronicas.pucrs.br/ojs/index.php/fass/article/view/957/737>. Acesso em: 12 jul. 2017. p. 4.

(31) TOWSEND-BELL, 2009 apud GOLDINI, *op. cit.*, p. 415.

(32) SOUZA et. al., *op. cit.*, p. 857.

mulher caiu para 1,9, e de 1950 a 2025 o grupo de idoso terá aumentado em quinze vezes, e a população total em cinco, colocando o país no 6º lugar quanto à população de idosos, alcançando, em 2025, cerca de 32 milhões de pessoas com 60 anos ou mais de idade[33].

Ignorar a não inclusão do idoso no mercado de trabalho é fechar os olhos as mudanças etárias que estão em curso e todas as consequências que virão desta transformação. Para atender as mudanças na pirâmide etária do mundo e também do Brasil, foram estruturados instrumentos legais que garantem ao idoso proteção social e ampliação de seus direitos.

4. PROTEÇÃO LEGAL DO IDOSO

A Carta de Princípios para as Pessoas Idosas, documento editado pela Nações Unidas em 1991, propõe a independência, participação, assistência, autorrealização e dignidade da pessoa idosa[34].

Os Estados Membros da Organização dos Estados Americanos (OEA) aprovaram, em junho de 2015, a Convenção Interamericana sobre a Proteção dos Direitos Humanos das Pessoas Idosas. A Convenção representa o reconhecimento de que todos os direitos humanos e as liberdades fundamentais existentes se aplicam às pessoas idosas, que devem gozar plenamente deles em igualdade de condições com os demais[35].

No Brasil, podemos citar a Constituição Federal de 1988, a Política Nacional do Idoso (Lei n. 8.842/1994), o Conselho Nacional dos Direitos do Idoso (CNDI) em 2002 e o Estatuto do Idoso (Lei n. 10.741/2003), que regulou os direitos das pessoas com idade igual ou superior a 60 anos[36].

O direito ao trabalho e à profissionalização é um direito social e fundamental do idoso, e como tal deve ser garantido pela simples leitura do art. 1, IV e art. 203, I da Constituição Federal, percebe-se o cuidado sobre a prestação da Assistência Social onde inferimos a preocupação com o idoso, vejamos, (art. 203, I): "A assistência social será prestada a quem dela necessitar, independentemente de contribuição à seguridade social, e tem por objetivos: I – a proteção à família, à maternidade, à infância, à adolescência e à velhice".

A Lei n. 8.842 de 1994, que dispõe sobre a política nacional do idoso, esclarecendo já em seu artigo primeiro que: "A política nacional do idoso tem por objetivo assegurar os direitos sociais do idoso, criando condições para promover sua autonomia, integração e participação efetiva na sociedade[37]".

Plano Nacional dos Direitos da Pessoa Idosa tem como finalidade estabelecer objetivos nacionais, estratégias e prioridades que servirão de base para os programas setoriais e regionais, respondendo às demandas e necessidades de uma sociedade cada vez mais preocupada com o respeito e promoção dos direitos fundamentais da pessoa idosa[38].

Quanto ao Estatuto do Idoso[39], o mesmo teve papel transformador na realidade social, na medida em que garantiu ao idoso a facilitação ou sua continuação no mercado de trabalho.

No art. 3º, inciso I, do Estatuto do Idoso temos que "a família, a sociedade e o Estado têm o dever de assegurar ao idoso todos os direitos da cidadania, garantindo sua participação na comunidade, defendendo sua dignidade, bem-estar e o direito à vida[40]".

Também, no art. 26 do Estatuto, procurou-se resguardar o direito a profissionalização e ao trabalho do idoso. "O idoso tem direito ao exercício de atividade profissional, respeitadas suas condições físicas, intelectuais e psíquicas[41]".

Já no art. 27, ressalta-se à proibição de discriminação do idoso em qualquer trabalho ou emprego. "Na admissão do idoso em qualquer trabalho ou emprego, é

---

(33) BODSTEIN, A.; LIMA, V. V. A. de e BARROS, A. M. A. de. A., *op. cit.*, p. 157 e 158.

(34) COORDENAÇÃO GERAL DO DIREITO DO IDOSO. Dados sobre o envelhecimento no Brasil. Brasília, DF. Disponível em: <http://www.sdh.gov.br/assuntos/pessoa-idosa/dados-estatisticos/DadossobreoenvelhecimentonoBrasil.pdf>. Acesso em: 14 abr. 2017. p. 5.

(35) Estados membros da OEA aprovam Convenção Interamericana sobre Proteção dos Direitos Humanos das Pessoas Idosas. *Ministério dos Direitos Humanos*. Disponível em: <http://www.sdh.gov.br/noticias/2015/junho/estados-membros-da-oea-aprovam-convencao-interamericana-sobre-protecao-dos-direitos-humanos-das-pessoas-idosas>. Acesso em: 14 abr. 2017.

(36) COORDENAÇÃO GERAL DOS DIREITOS DO IDOSO, *op. cit.* p. 3.

(37) BRASIL. Lei n. 8.842, de janeiro de 1994. *Dispõe sobre a política nacional do idoso, cria o Conselho Nacional do Idoso e dá outras providências*. Presidência da República, Brasília, DF, 4 jan. 1994. Disponível em: <http://www.planalto.gov.br/ccivil_03/leis/L8842.htm>. Acesso em: 06 abril 2017.

(38) COORDENAÇÃO GERAL DOS DIREITOS DO IDOSO, *op. cit.* p. 5.

(39) BRASIL. Lei n. 10.741, de outubro de 2003. *Dispõe sobre o Estatuto do Idoso e dá outras providências*. Presidência da República, Brasília, DF, 1º out. 2003. Disponível em: <http://www.planalto.gov.br/ccivil_03/leis/2003/L10.741.htm>. Acesso em: 06 abril 2017.

(40) Id. Ibid., *loc. cit.*

(41) Estatuto do Idoso. *Op. cit.*

vedada a discriminação e a fixação de limite máximo de idade, inclusive para concursos, ressalvados os casos em que a natureza do cargo o exigir[42]".

No entanto, o Estatuto do Idoso vai além de estabelecer simples vedação à discriminação. Acerca do tema, José Afonso da Silva[43] leciona:

> A idade tem sido motivo de discriminação, mormente no que tange às relações de emprego. Por um lado, recusa-se emprego a pessoas mais idosas, ou quando não, os salários inferiores aos dois demais trabalhadores. Por outro lado, paga-se menos a jovens, embora para a execução de trabalho idêntico ao de homens feitos. A Constituição traz norma expressa proibindo diferença de salários, de exercício de funções e de critérios de admissão por motivo de idade (art. 7º, XXX).

Neste sentido, "empregar esforços no caminho da eliminação das práticas discriminatórias nas relações de trabalho é consagrar o interesse transindividual trabalhista próprio da isonomia[44]".

Embora a lei expressamente proíba a discriminação injustificável principalmente nas relações de trabalho, é certo que os grupos etários mais velhos estão perdendo sua participação na cadeia laborativa. Na busca pelo trabalho, o idoso ainda é vítima de muitos preconceitos. Um exemplo simples de ser constatado, são os anúncios em classificados dos jornais/revistas/sites, em que as empresas, na maioria das vezes, delimitam idade, ignorando às garantias constitucionais contra essa prática.

Importante destacar que o Estatuto do Idoso, ao regulamentar os direitos assegurados às pessoas com idade igual ou superior a 60 (sessenta) anos, e considerando que o Novo Código de Processo Civil no art. 1048, passou a dar prioridade ao processamento, à tramitação e aos demais procedimentos judiciais quando figurar como parte ou interveniente do processo pessoa com a idade igual ou superior a 60 (sessenta) anos, demonstra a preocupação do legislador em proteger essa parcela da população que naturalmente carece de uma maior agilidade processual.

O direito ao trabalho para o idoso além de ser um direito fundamental, representa a garantia de sua subsistência financeira e constitui-se como meio dignificante e construtor de seus valores intrínsecos.

5. A INCLUSÃO DO IDOSO NO MERCADO DE TRABALHO

Os jovens eram o futuro do Brasil, não são mais. Em 2025, o Brasil terá 34 milhões de pessoas acima de 60 anos, o que representará a sexta maior população do planeta. E nosso processo de envelhecimento está acontecendo de forma artificial, uma vez que não houve significativas melhoras na qualidade de vida da população através de políticas públicas[45].

Inevitavelmente, as leis são o marco regulatório para formalização de direitos e, principalmente, para defesa desses direitos frente ao Poder Judiciário, mas as leis por si não fazem mudanças, precisamos de políticas públicas com diretrizes e investimentos. Acreditamos que as empresas, e a sociedade civil organizada são os verdadeiros agentes, para promover mudanças dos estigmas contra os mais velhos e a eliminação do preconceito.

> Os direitos devem representar uma compensação pelas perdas e limitações por que passam as pessoas ao envelhecer, em particular nos aspectos físicos e psicológicos. Representam uma etapa que é ao mesmo tempo sócio cultural e econômica[46].

Num mundo utilitarista, o que não tem função não tem valor. As trocas de conhecimento entre gerações são pouco valorizadas, o mercado de trabalho fecha-se muitas vezes apenas com a leitura de um item do seu currículo, como a idade. Com o alto número de desempregados, critérios que não provocariam problema nenhum para o exercício de determinada função são adotados, como sexo, estado civil e idade.

Em razão de inúmeros entraves à inclusão e discriminação de idosos no meio ambiente de trabalho, algumas propostas empreendidas por empresas deveriam servir como norte para a efetiva inclusão.

---

(42) Estatuto do Idoso, *op. cit.*

(43) SILVA, José Afonso da. *Curso de Direito Constitucional Positivo.* 12. ed. São Paulo: Malheiros, 2000. p. 228.

(44) SILVA NETO, Manoel Jorge e. *Proteção constitucional dos interesses trabalhistas:* difusos, coletivos e individuais homogêneos. São Paulo: LTr, 2001. p. 170.

(45) MAGALHÃES, *op. cit.*, p. 33 e 34.

(46) Id., ibid., p. 34.

A exemplo da utilização da mão de obra dos idosos em tempo parcial, o que possibilitaria a renovação do quadro de funcionários e a troca de experiências entre os jovens e os mais velhos. Outra possibilidade seria os cursos de atualização contínua, que renovam os conhecimentos dos trabalhadores[47].

A implantação do Programa de Preparação para Aposentadoria-PPA, surgido nos EUA na década de 1950 também se apresenta como uma alternativa ao desemprego do idoso. No Brasil, iniciativa similar ocorreu na década de 1970, com apoio do SESC-SP, onde questões ligadas ao envelhecimento, como aposentadoria, serviços de saúde, socioculturais e psicológicos eram ensinados e discutidos[48].

A redução de contribuição previdenciária patronal sobre o rendimento pago aos empregados idosos, poderia estimular a manutenção ou a (re)contratação de pessoas acima de 60 anos. Há também os sistemas de prestações sociais que podem fomentar a capacidade de trabalhadores parados[49].

Como exemplo reais temos a *MaturiJobs*, fundada em 2015, como um negócio social, com o intuito de ajudar as pessoas maduras a terem a oportunidade de continuarem ativas e compartilhando suas experiências, na procura de promover saúde e bem-estar social. A *MaturiJobs* uniu a tecnologia a favor da 3ª idade. Trata-se de uma rede social que conecta vagas destinadas aos idosos[50].

Já o Grupo Pão de Açúcar criou, há 18 anos, o programa Terceira Idade, para contribuir para a inclusão de trabalhadores idosos em seus quadros. Hoje, a empresa conta com mais de 3.500 idosos trabalhando no Extra e no Pão de Açúcar no país. Outra proposta de inclusão é o "*Cara ou Coroa*" da marca de roupas – Reserva, onde suas lojas têm 20% de suas vagas destinadas aos idosos.

As empresas não podem deixar de considerar que os idosos também são pessoas produtivas e responsáveis, além de dispor de uma mão de obra qualificada e de um amplo conhecimento técnico.

Estratégias de inserção ou permanência dos idosos no mercado de trabalho, através de medidas de incentivo à contratação por meio da redução da contribuição previdenciária ou da concessão de incentivos fiscais, poderiam ter um efeito maior sobre as taxas de empregabilidade e consequente redução dos índices de desemprego nessa faixa etária.

6. CONCLUSÃO

As normas consagradoras dos direitos fundamentais afirmam valores de igualdade e combate as discriminações; valores supremos de uma sociedade fraterna, pluralista e sem preconceitos, buscando a harmonia social e a concretização de um verdadeiro Estado democrático de direito.

Levando em consideração que todos os cidadãos tem direito de viver em um Estado que garante direitos fundamentais, é inconcebível a discriminação e exclusão mormente nas relações de trabalho contra os idosos.

O direito ao trabalho é fundamento do Estado Democrático de Direito e objetivando dar sequência às garantias constitucionais, o legislador ordinário, institui o Estatuto do Idoso pela Lei n. 10.741/2003, que tem como condão regular os direitos das pessoas com idade igual ou superior a 60 anos.

O Estatuto do Idoso visando garantir ao idoso a facilitação da sua permanência no mercado de trabalho determinou em seu capítulo VI o direito a profissionalização e ao trabalho do idoso.

De acordo com o Estatuto do Idoso, a pessoa nesta faixa de idade deveria ter a liberdade de exercer qualquer tipo de atividade profissional, em igualdade de condições com os demais trabalhadores. Desta forma, relevante se faz dizer que o direito ao trabalho do idoso é incontestável, contudo para que isso ocorra necessário se faz criar oportunidades favoráveis para a efetivação deste direito.

A análise da inserção dos idosos no mercado de trabalho brasileiro traz, assim, contribuições importantes para a avaliação de medidas com o objetivo de redução das taxas de desemprego desta população economicamente ativa.

Reconhecer a força de trabalho do idoso, como portador de capacidade intelectual, de experiências e criatividade, certamente é caminho para o desenvolvimento de vários setores da economia. Mas, também são necessárias políticas públicas para garantir aos idosos a

---

(47) MAGALHÃES, *op. cit.*, p. 37.

(48) Id. Ibid., p. 38.

(49) Id., Ibid., *loc. cit.*

(50) MATURIJOBIS. *Plataforma tecnológica com foco exclusivo em profissionais com mais de 50 anos.* Disponível em: <https://www.maturijobs.com>. Acesso em: 02 jun. 2017.

dignidade como pessoa humana e a efetividade de seus direitos sociais fundamentais.

7. REFERÊNCIAS BIBLIOGRÁFICAS

ALMEIDA, Renato Rua de (Coord.). *Aplicação da teoria do diálogo das fontes no direito do trabalho*. São Paulo: LTr, 2015.

BOBBIO, Norberto. *A era dos direitos*. Trad. Carlos Nelson Coutinho. Rio de Janeiro: Campus, 1992.

BODSTEIN, A.; LIMA, V. V. A. de; BARROS, A. M. A. de. A Vulnerabilidade do Idoso em Situações de Desastres: Necessidade de uma política de Resiliência Eficaz. *Ambiente & Sociedade*, São Paulo: v. XVII, n. 2, p. 157-174, abr.-jun. 2014. Disponível em: <http://www.scielo.br/pdf/asoc/v17n2/a11v17n2.pdf>. Acesso em: 14 abr. 2017.

BONAVIDES, Paulo. *Curso de Direito Constitucional*. São Paulo: Malheiros, 2014.

CANOTILHO, J. J. Gomes. *Direito Constitucional*. 15. ed. São Paulo: Atlas, 2004.

_____. *Direito constitucional e teoria da constituição*. Coimbra: Almedina, 1999.

BRASIL. *Constituição Federal (1998)*. Brasília, DF. Disponível em: <http://www.planalto.gov.br/ccivil_03/constituicao/constituicao.htm>. Acesso em: 10 jul. 2017.

_____. Lei n. 1.741, de 1º de outubro de 2003. *Estatuto do idoso*. Brasília, DF. Disponível em: <http://www.planalto.gov.br/ccivil_03/leis/2003/L10.741.htm>. Acesso em: 09 jul. 2017.

_____. Lei n. 8.842, de janeiro de 1994. *Dispõe sobre a política nacional do idoso, cria o Conselho Nacional do Idoso e dá outras providências*. Presidência da República, Brasília, DF, 4 jan. 1994. Disponível em: <http://www.planalto.gov.br/ccivil_03/leis/L8842.htm>. Acesso em: 06 abr. 2017.

BULLA, L. C.; KAEFER, C. O. Trabalho e aposentadoria: as repercussões sociais na vida do idoso aposentado. *Revista Virtual & Contextos*, Porto Alegre: n. 2, ano II, p. 1-8, dez. 2003. Disponível em: <http://revistaseletronicas.pucrs.br/ojs/index.php/fass/article/view/957/737>. Acesso em: 12 jul. 2017.

COORDENAÇÃO GERAL DO DIREITO DO IDOSO. *Dados sobre o envelhecimento no Brasil*. Brasília, DF, p. 9. Disponível em: <http://www.sdh.gov.br/assuntos/pessoa-idosa/dados-estatisticos/DadossobreoenvelhecimentonoBrasil.pdf>. Acesso em: 14 abr. 2017.

GAIA, Fausto S. O trabalhador idoso: a reconstrução da identidade do sujeito constitucional, 1 Caderno de Pesquisas Trabalhistas do Instituto Brasiliense de Direito Público. Brasília, DF, Disponível em: <http://www.idp.edu.br>. Acesso em: 30 jun.2017.

GOLDANI, A. M. Desafios do "Preconceito Etário" no Brasil. *Educação & Sociedade*, Campinas: v. 31, n. 111, p. 411-434, abr./jun. 2010. Disponível em: <http://www.scielo.br/pdf/es/v31n111/v31n111a07.pdf>. Acesso em: 14 maio 2017.

FARIA, José Eduardo. *Direitos Humanos, Direitos Sociais e Justiça*. São Paulo: Malheiros, 1994.

LOPES, O. B. A Questão da Discriminação no Trabalho. *Revista Jurídica Virtual*, Brasília: v. 2, n. 17, p. 1-8, out. 2000. Disponível em: <http://revistajuridica.presidencia.gov.br/index.php/saj/article/view/981/966>. Acesso em: 10 jul. 2017.

MAGALHÃES, M. L. C. de. A discriminação do trabalhador idoso – responsabilidade social das empresas e do Estado. *Revista do Tribunal Regional da 3ª Região*, Belo Horizonte: v. 48, n. 78, p. 31-43, jul./dez. 2008. Disponível em: <https://juslaboris.tst.jus.br/bitstream/handle/1939/74044/2008_magalhaes_maria_discriminacao_trabalhador.pdf?sequence=1>. Acesso em: 13 jul. 2017.

MATURIJOBIS. *Plataforma tecnológica com foco exclusivo em profissionais com mais de 50 anos*. Disponível em: <https://www.maturijobs.com>. Acesso em: 02 jun. 2017.

MINISTÉRIO DOS DIREITOS HUMANOS. *Estados membros da OEA aprovam Convenção Interamericana sobre Proteção dos Direitos Humanos das Pessoas Idosas*. SDH. Disponível em: <http://www.sdh.gov.br/noticias/2015/junho/estados-membros-da-oea-aprovam-convencao-interamericana-sobre-protecao-dos-direitos-humanos-das-pessoas-idosas>. Acesso em: 14 abr. 2017.

ORGANIZAÇÃO DAS NAÇÕES UNIDAS. *Declaração Universal dos Direitos Humanos (1948)*. Paris, FR. Disponível em: <http://www.onu.org.br/img/2014/09/DUDH.pdf>. Acesso em: 10 jul. 2017.

RENAULT, L. O. L.; VIANA, M. T.; CANTELLI, P. O. *Discriminação*. 2. ed. São Paulo: LTR, 2010. p. 471.

ROMITA, Arion Sayão. *Direitos Fundamentais nas relações de trabalho*. São Paulo: LTr, 2009.

SILVA, José Afonso da. *Curso de Direito Constitucional Positivo*. 12. ed. São Paulo: Malheiros, 2000.

SILVA NETO, Manoel Jorge e. *Proteção constitucional dos interesses trabalhistas*: difusos, coletivos e individuais homogêneos. São Paulo: LTr, 2001.

SOUZA, A. C. S. N.; LODOVICI, F. M. M.; SILVEIRA, N. D. R.; ARANTES, R. P. G. Alguns Apontamentos sobre o Idadismo: a Posição de Pessoas Idosas diante desse Agravo à sua Subjetividade. *Estudos Interdisciplinares sobre o Envelhecimento*, Porto Alegre: v. 19, n. 3, p. 853-877, 2014. Disponível em: <http://www.seer.ufrgs.br/index.php/RevEnvelhecer/article/view/50435/33290> Acesso em: 9 jul. 2017.

Direito de Greve e o Serviço Público

MARCELO AZEVEDO CHAMONE
Juiz do Trabalho no Tribunal Regional do Trabalho da 2ª Região.
Doutorando em Direito do Trabalho pela PUC-SP.

1. DIREITO DE GREVE

1.1. Desenvolvimento legal no Brasil

O monopólio estatal da coerção somente é excepcionado autorizando-se o seu exercício por particulares em hipóteses excepcionais, sobretudo relacionadas à defesa da propriedade – CC, arts. 1210, § 1º (desforço imediato, no esbulho possessório), 1470 (apreensão pessoal do bem, no penhor legal), p. ex. –, ou, ainda, na preservação da integridade física da pessoa – CC, art. 188, I e CP, art. 23, II (legítima defesa), p. ex.

A essas hipóteses se juntou, em tempos recentes, a greve, após período de criminalização, com disposições no Código Criminal de 1890,[1] Lei n. 38/1935 (Lei de Segurança Nacional),[2] Decreto-lei n. 431/1938,[3]

---

(1) Decreto n. 847, de 11.10.1890 (Código Penal), art. 206. Causar, ou provocar, cessação ou suspensão de trabalho, para impor aos operarios ou patrões augmento ou diminuição de serviço ou salario: Pena – de prisão cellular por um a três mezes. § 1º Si para esse fim se colligarem os interessados: Pena – aos chefes ou cabeças da colligação, de prisão cellular por dous a seis mezes. § 2º Si usarem de violencia: Pena – de prisão cellular por seis mezes a um anno, além das mais em que incorrerem pela violencia.

O Decreto n. 1162, de 12.12.1890, explicitou a necessidade de uso de "ameaças ou violencias" para a caracterização da figura típica, e reduziu a pena para "prisão cellular por um a tres mezes".

(2) Art. 18. Instigar ou preparar a paralysação de serviços publicos, ou de abastecimento da população. Pena – De 1 a 3 annos de prisão cellular. Paragrapho unico. Não se applicará a sancção deste artigo ao assalariado, no respectivo serviço, desde que tenha agido exclusivamente por motivos pertinentes ás condições de seu trabalho.

Art. 19. Induzir empregadores ou empregados á cessação ou suspensão do trabalho por motivos estranhos ás condições do mesmo. Pena – De 6 mezes a 2 annos de prisão cellular.

(3) Art. 3º São ainda crimes da mesma natureza: (...) 21) incitar funcionários públicos ou servidores do Estado à cessação coletiva, total ou parcial, dos serviços a seu cargo; Pena – 1 a 3 anos de prisão; 22) induzir empregadores ou empregados à cessação ou suspensão do trabalho; Pena – 1 a 3 anos de prisão;

Decreto-lei n. 1237/1939,[4] e Código Penal de 1940.[5] A própria CLT, em sua redação original, previa punições para o grevista,[6] o que só veio a ser revogado com o advento da Lei n. 9842, de 07.10.1999.

A Constituição de 16.07.1934 assegurou o reconhecimento estatal dos sindicatos e associações profissionais (art. 120), mas manteve-se silente quanto à greve.

A fase de tolerância teve início com o Decreto-lei n. 9.070, de 15.03.1946, primeiro diploma normativo regulamentando o exercício da greve, autorizando-a[7] apenas nas atividades tidas, por exclusão, como não "fundamentais",[8] não obstante a proibição prevista na Constituição de 1937,[9] no que se antecipou àquela promulgada em 18.09.1946, quando a greve passou a ser

---

(4) Art. 80 Os empregadores que, individual ou coletivamente, suspenderem o trabalho dos seus estabelecimentos, sem prévia autorização do tribunal competente, ou que violarem ou se recusarem cumprir decisão de tribunal do trabalho, proferida em dissídio coletivo, incorrerão nas seguintes penalidades: a) multa de 5:000$000 (cinco contos de réis) a 50:000$000 (cinquenta contos de réis). Além de b) perda de cargo de representação profissional e do direito de ser e efeito para tal cargo durante o período de dois a cinco anos. § 1º Si o empregador for pessoa, jurídica, as penas previstas na alínea b incidirão sobre os administradores responsáveis. § 2º Si o empregador for concessionário de serviço público, as penas serão aplicadas em dobro. Neste caso, si o concessionário for pessoa jurídica, poderá sem prejuízo do cumprimento da decisão e da aplicação do disposto no parágrafo interior, ser ordenado o afastamento dos administradores responsáveis, sob pena de ser cassada a concessão. § 3º Sem prejuízo das sanções cominadas neste artigo, os empregadores ficarão obrigados a pagar os salários devidos aos seus empregados durante o tempo da suspensão do trabalho.
Art. 81 Os empregados que, coletivamente e sem prévia autorização do tribunal competente abandonarem o serviço, ou desobedecerem a decisão de tribunal do trabalho. Serão punidos com penas de suspensão ate seis meses, ou dispensa. Além perdas de cargo de representação profissional e incompatibilidade para exercê-lo durante o prazo de dois a cinco anos.
Art. 82 Quando suspensão do serviço a desobediência ás decisões dos tribunais do trabalho for ordenada a por associação profissional, sindical ou não de empregados ou de empregadores, a pena será: a) Si a ordem for ato da assembléia. Cancelamento o do registro da associação da multa de 5:000$000 (cinco contos de réis) a 50:000$000 (cinquenta contos de réis) aplicada em dobro, si se trata de serviço público: b) Si a insigação, ou ordem, for ato exclusivo dos administradores, perda do cargo, sem prejuízo da pena cominada ao art. 83.
Art. 83 Todo aquele que empregado ou empregador ou mesmo estranho às categorias em conflito, instigar á prática de infrações previstas neste capítulo, ou se houver feito cabeça de e coligação de empregadores ou empregados, incorrerá: na pena de seis meses a três anos de prisão, sem prejuízo das demais sanções cominadas neste capítulo. § 1º Tratando-se de serviço público, ou havendo violência contra pessoas coisa, as penas prevista neste artigo serão aplicadas em dobro sem prejuízo de quaisquer outras estabelecidas neste capítulos e na legislação penal comum. § 2º O estrangeiro que incidir nas sanções deste artigo depois de cumprir a respectiva penalidade, será expulso do país, observados os dispositivos da legislação comum.

(5) Decreto-lei n. 2848/1940, art. 200 – Participar de suspensão ou abandono coletivo de trabalho, praticando violência contra pessoa ou contra coisa: Pena – detenção, de um mês a um ano, e multa, além da pena correspondente à violência. Parágrafo único – Para que se considere coletivo o abandono de trabalho é indispensável o concurso de, pelo menos, três empregados.
Art. 201 – Participar de suspensão ou abandono coletivo de trabalho, provocando a interrupção de obra pública ou serviço de interesse coletivo: Pena – detenção, de seis meses a dois anos, e multa.

(6) Decreto-lei n. 5452/1943, art. 723 – Os empregados que, coletivamente e sem prévia autorização do tribunal competente, abandonarem o serviço, ou desobedecerem a qualquer decisão proferida em dissídio, incorrerão nas seguintes penalidades: a) suspensão do emprego até seis meses, ou dispensa do mesmo: b) perda do cargo de representação profissional em cujo desempenho estiverem; c) suspensão, pelo prazo de dois anos a cinco anos, do direito de serem eleitos para cargo de representação profissional.
Art. 724 – Quando a suspensão do serviço ou a desobediência às decisões dos Tribunais do Trabalho for ordenada por associação profissional, sindical ou não, de empregados ou de empregadores, a pena será: a) se a ordem for ato de Assembléia, cancelamento do registro da associação, além da multa de Cr$ 5.000,00 (cinco mil cruzeiros), aplicada em dobro, em se tratando de serviço público; b) se a instigação ou ordem for ato exclusivo dos administradores, perda do cargo, sem prejuízo da pena cominada no artigo seguinte.
Art. 725 – Aquele que, empregado ou empregador, ou mesmo estranho às categorias em conflito, instigar a prática de infrações previstas neste Capítulo ou houver feito cabeça de coligação de empregadores ou de empregados incorrerá na pena de prisão prevista na legislação penal, sem prejuízo das demais sanções cominadas. § 1º – Tratando-se de serviços públicos, ou havendo violência contra pessoa ou coisa, as penas previstas neste artigo serão aplicadas em dobro. § 2º – O estrangeiro que incidir nas sanções deste artigo, depois de cumprir a respectiva penalidades será expulso do País, observados os dispositivos da legislação comum.

(7) Decreto-lei n. 9070/1946, art. 9º É facultado às partes que desempenham atividades acessórias, depois de ajuizado o dissídio, a cessação do trabalho ou o fechamento do estabelecimento. Neste caso, sujeitar-se-ão ao julgamento do Tribunal tanto para os efeitos da perda do salário, quanto para o respectivo pagamento durante o fechamento. Parágrafo único. A cessação ou o fechamento considerar-se-á justificada sempre que o vencido não cumprir imediatamente a decisão.

(8) Decreto-lei n. 9070/1946, art. 3º Sao consideradas fundamentais, para os fins desta lei, as atividades profissionais desempenhadas nos serviços de água, energia, fontes de energia, iluminação, gás, esgotos, comunicações, transportes, carga e descarga; nos estabelecimentos de venda de utilidade ou gêneros essenciais à vida das populações; nos matadouros; na lavoura e na pecuária; nos colégios, escolas, bancos, farmácias, drogarias, hospitais e serviços funerários; nas indústrias básicas ou essenciais à defesa nacional. § 1º O Ministro do Trabalho, Indústria e Comércio, mediante portaria, poderá incluir outras atividades entre as fundamentais. § 2º Consideram-se acessórias as atividades não classificadas entre as fundamentais.
Art. 10. A cessação do trabalho, em desatenção aos processos e prazos conciliatórios ou decisórios previstos nesta lei, por parte de empregados em atividades acessórias, e, em qualquer caso, a cessação do trabalho por parte de empregados em atividades fundamentais, considerar-se-á, falta grave para os fins devidos, e autorizará a rescisão do contrato de trabalho. Parágrafo único. Em relação a empregados estáveis, a rescisão dependerá de autorização do tribunal, mediante representação do Ministério Público.

(9) Constituição Federal de 10.11.1939, art 139 – (...). A greve e o *lock-out* são declarados recursos anti-sociais nocivos ao trabalho e ao capital e incompatíveis com os superiores interesses da produção nacional.

reconhecida como direito dos trabalhadores, condicionada às limitações legais (art. 158).

Em 01.06.1964, foi promulgada a Lei n. 4330, a Lei de Greve, substituindo a regulamentação anterior, impondo uma série de restrições ao seu exercício, não obstante apregoar a legalidade da greve no setor privado,[10] excetuadas as seguintes situações (art. 22): a) se não fossem observados os prazos e condições estabelecidos na referida lei; b) que tivesse por objeto reivindicações julgadas improcedentes pela Justiça do Trabalho, em decisão definitiva, há menos de um ano; c) por motivos políticos, partidários, religiosos, morais, de solidariedade ou quaisquer outros que não tivessem relação com a própria categoria diretamente interessada; d) cujo fim residisse na revisão de norma coletiva, salvo se as condições pactuadas tivessem sido substancialmente modificadas (*rebus sic stantibus*).

Relevante notar que o art. 20, parágrafo único, da Lei n. 4.330/1964, na greve lícita, assegurava o pagamento dos dias parados, desde que as reivindicações fossem atendidas, ainda que em parte, pelo empregador ou Justiça do Trabalho, garantia essa não presente na legislação atual, como veremos mais adiante.

A Constituição de 24.01.1967, em seus arts. 158, XXI[11] e 157, § 7º,[12] assegurou a greve aos trabalhadores do setor privado, proibindo-a, contudo, nos serviços públicos e atividades essenciais, orientação mantida com a redação que lhe foi dada pela Emenda Constitucional n. 01/1969 (art. 165, XX e 162), e reforçada pelo Decreto-lei n. 1632/1978.[13]

Com o advento da Constituição de 05.10.1988, o exercício da greve foi assegurado tanto aos trabalhadores do setor privado (art. 9º[14]) como do setor público (art. 37, VII[15]), ressalvados os militares (arts. 142, § 3º, IV e 42, § 1º[16]). No setor privado sobreveio nova regulamentação na figura da Lei n. 7783, de 28.06.1989, ressentindo, ainda, o setor público de normatização específica.

1.2. Marcos internacionais

A *Constitución Política de los Estados Unidos Mexicanos de 05.02.1917* foi a primeira carta política a assegurar o direito de greve, abrangendo, em suas disposições, *tanto o setor privado como o público*:

> **Articulo 123, A. Entre los obreros, jornaleros, empleados, domésticos, artesanos, y de una manera general, todo contrato de trabajo:** (...); **XVII.** Las leyes reconocerán como un derecho de los obreros y de los patronos las huelgas y los paros; **XVIII.** Las huelgas serán lícitas cuando tengan por objeto conseguir el equilibrio entre los diversos factores de la producción, armonizando los derechos del trabajo con los del capital. En los servicios públicos será obligatorio para los trabajadores dar aviso, con diez días de anticipación, a la Junta de Conciliación y Arbitraje de la fecha señalada para la suspensión del trabajo. Las huelgas serán consideradas como ilícitas únicamente cuando la mayoría de los huelguistas ejerciere actos violentos contra las personales o las propiedades o, en caso de guerra, cuando aquéllos pertenezcan a los establecimientos y servicios que dependen del gobierno; **XIX.** Los paros serán lícitos únicamente cuando el exceso de producción haga necesario suspender el trabajo para mantener los precios en un límite costeable, previa aprobación de

---

(10) Lei n. 4330/1964, art 4º A greve não pode ser exercida pelos funcionários e servidores da união, Estados, Territórios, Municípios e autarquias, salvo se se tratar de serviço industrial e o pessoal não receber remuneração fixada por lei ou estiver amparado pela legislação do trabalho.

(11) CF/1967, art 158 – A Constituição assegura aos trabalhadores os seguintes direitos, além de outros que, nos termos da lei, visem à melhoria, de sua condição social: (...) XXI – greve, salvo o disposto no art. 157, § 7º.

(12) CF/1967, art. 157, § 7º – Não será permitida greve nos serviços públicos e atividades essenciais, definidas em lei.

(13) Decreto-lei n. 1632/1978, art. 1º – São de interesse da segurança nacional, dentre as atividades essenciais em que a greve é proibida pela Constituição, as relativas a serviços de água e esgoto, energia elétrica, petróleo, gás e outros combustíveis, bancos, transportes, comunicações, carga e descarga, hospitais, ambulatórios, maternidades, farmácias e drogarias, bem assim as de indústrias definidas por decreto do Presidente da República. § 1º Compreendem-se na definição deste artigo a produção, a distribuição e a comercialização. § 2º Consideram-se igualmente essenciais e de interesse da segurança nacional os serviços públicos federais, estaduais e municipais, de execução direta, indireta, delegada ou concedida, inclusive os do Distrito Federal.
Lei n. 4330/1964, art. 4º A greve não pode ser exercida pelos funcionários e servidores da união, Estados, Territórios, Municípios e autarquias, salvo se se tratar de serviço industrial e o pessoal não receber remuneração fixada por lei ou estiver amparado pela legislação do trabalho.

(14) CF/1988, art. 9º É assegurado o direito de greve, competindo aos trabalhadores decidir sobre a oportunidade de exercê-lo e sobre os interesses que devam por meio dele defender. § 1º – A lei definirá os serviços ou atividades essenciais e disporá sobre o atendimento das necessidades inadiáveis da comunidade. § 2º – Os abusos cometidos sujeitam os responsáveis às penas da lei.

(15) CF/1988, art. 37, VII – o direito de greve será exercido nos termos e nos limites definidos em lei específica.

(16) CF/1988, art. 142, § 3º, IV – ao militar são proibidas a sindicalização e a greve.
Art. 42, § 1º Aplicam-se aos militares dos Estados, do Distrito Federal e dos Territórios, além do que vier a ser fixado em lei, as disposições do art. 14, § 8º; do art. 40, § 9º; e do art. 142, §§ 2º e 3º, cabendo a lei estadual específica dispor sobre as matérias do art. 142, § 3º, inciso X, sendo as patentes dos oficiais conferidas pelos respectivos governadores.

la Junta de Conciliación y Arbitraje; **XX.** Las diferencias o los conflictos entre el capital y el trabajo se sujetarán a la decisión de una Junta de Conciliación y Arbitraje, formada por igual número de representantes de los obreros y de los patronos y uno del gobierno; **XXI.** Si el patrono se negare a someter sus diferencias al arbitraje o a aceptar el laudo pronunciado por la Junta, se dará por terminado el contrato de trabajo y quedará obligado a indemnizar al obrero con el importe de tres meses de salario, además de la responsabilidad que le resulte del conflicto. Esta disposición no será aplicable en los casos de las acciones consignadas en la fracción siguiente. Si la negativa fuere de los trabajadores, se dará por terminado el contrato de trabajo; **XXII.** El patrono que despida a un obrero sin causa justificada o por haber ingresado a una asociación o sindicato, o por haber tomado parte en una huelga lícita, estará obligado, a elección del trabajador, a cumplir el contrato o a indemnizarlo con el importe de tres meses de salario. La ley determinará los casos en que el patrono podrá ser eximido de la obligación de cumplir el contrato, mediante el pago de una indemnización. Igualmente tendrá la obligación de indemnizar al trabajador con el importe de tres meses de salario, cuando se retire del servicio por falta de probidad del patrono o por recibir de él malos tratamientos, ya sea en su persona o en la de su cónyuge, padres, hijos o hermanos. El patrono no podrá eximirse de esta responsabilidad, cuando los malos tratamientos provengan de dependientes o familiares que obren con el consentimiento o tolerancia de él; (...).

Articulo 123, B. Entre los Poderes de la Unión, el Gobierno del Distrito Federal y sus trabajadores: (...); **X.** Los trabajadores tendrán el derecho de asociarse para la defensa de sus intereses comunes. Podrán, asimismo, hacer uso del derecho de huelga, previo el cumplimiento de os requisitos que determine la ley, respecto de una o varias dependencias de los Poderes Públicos, cuando se violen de manera general y sistemática los derechos que este artículo les consagra; (...).

Já no período pós-guerra, o *direito à associação sindical* veio a ser incluído na Declaração Universal dos Direitos Humanos da Organização das Nações Unidas, de 1948:[17]

Art. 23

I) Todo o homem tem direito ao trabalho, à livre escolha de emprego, a condições justas e favoráveis de trabalho e à proteção contra o desemprego.

II) Todo o homem, sem qualquer distinção, tem direito a igual remuneração por igual trabalho.

III) Todo o homem que trabalha tem direito a uma remuneração justa e satisfatória, que lhe assegure, assim como a sua família, uma existência compatível com a dignidade humana, e a que se acrescentarão, se necessário, outros meios de proteção social.

IV) Todo o homem tem direito a organizar sindicatos e a neles ingressar para proteção de seus interesses.

No âmbito da Organização Internacional do Trabalho foram elaboradas as Convenções n. 87 de 09.07.1948 (não ratificada pelo Brasil), versando acerca da liberdade de associação, com ressalvas às forças armadas e polícia, e a 98 de 01.07.1949 (promulgada pelo Decreto n. 3.3196, de 29.06.1953), sobre discriminação antissindical e negociações coletivas, excluindo de sua abrangência os servidores públicos em geral (art. 6), e os militares e policiais em especial (art. 5).

Nenhuma dessas três normas produzidas no âmbito da ONU aborda de forma inequívoca a questão da greve, porém, defendem ser a greve corolário da liberdade sindical Enoque Ribeiro dos Santos (*in*: SOUTO MAIOR *et alii*, 2008, p. 24) e José Afonso (2007, p. 700).

1.3. Panorama atual no Brasil

A greve, direito constitucionalmente garantido (art. 9º, da CF) – de modo que, hoje, a participação no movimento grevista, por si só, não constitui falta grave (STF, Súmula n. 316[18]) –, é definida, pela lei, como *"a suspensão coletiva, temporária e pacífica, total ou parcial, de prestação pessoal de serviços a empregador"* (art. 2º, da Lei n. 7783) ou tomador de serviços (como no caso dos *avulsos* ou mesmo *trabalhadores terceirizados*, cf. GODINHO DELGADO, 2008, p. 172), "com o objetivo de lhes exercer pressão, visando a defesa ou conquista de interesses coletivos, ou com objetivos sociais mais amplos" (GODINHO DELGADO, 2008, p. 171), daí, e por força do art. 7º, ser classificada como hipótese de suspensão do *contrato de trabalho*, implicando na não remuneração do trabalhador pelos dias parados, salvo acordo, mesmo que não seja considerada abusiva, muito embora a maioria dos Tribunais do Trabalho venha determinando o pagamento nas hipóteses de dissídio coletivo (cf. HINZ, 2005, p. 112). Em seu núcleo, consiste, portanto, em sustação das atividades contratuais pelos trabalhadores, sendo antecedida por atos preparatórios, e seguida de atos de ampliação, preservação e

---

(17) Resolução n. 217 A (III), da Assembleia Geral da ONU, proclamada na Sessão Plenária de 10.12.1948.

(18) STF, Súmula n. 316 A simples adesão a greve não constitui falta grave.

administração do movimento, bem como de divulgação intraempresarial e social (GODINHO DELGADO, 2008, p. 172).

A paralisação deve ser sempre *coletiva*, pois tendo como objeto o interesse coletivo e sua titularidade pertencendo ao sindicato da categoria ou, na falta deste, ao grupo profissional, jamais será exercida individualmente (WALBER AGRA, 2010, p. 310);[19] a paralisação individual irá caracterizar situação de *desídia* (art. 482, e, da CLT). Ainda que por prazo indeterminado, a paralização é sempre *temporária*, não podendo "se afastar da finalidade que busca satisfazer, sob pena de caracterização de abandono de emprego", figura da qual se diferencia "por não possuir a intenção de extinguir o contrato de trabalho, mas sim de forçar o empregador a ceder nos pontos que a provocaram" (HINZ, 2005, p. 111). Deve ser movimento pacífico, sob pena de responsabilidade civil (CC, art. 186),[20] penal (CP, arts. 197, 200, 201 e 202 – v., tb., art. 203),[21] e funcional (CF, art. 9º, § 2º;[22] Lei de Greve, arts. 14 e 15), inclusive por abuso de direito. Será *total* ou *parcial* conforme a adesão da categoria ou empresa(s) na paralisação das atividades. Vemos, portanto, que, como qualquer outro, o exercício do direito de greve não é sem limites, e a forma de seu exercício, no âmbito das relações privadas, vem prevista na Lei n. 7783/1989, válida tão somente na medida em que colocar limites, mas não inviabilizar o próprio exercício do direito de greve (cf. WALBER AGRA, 2010, p. 310).

A greve é considerada "mecanismo máximo de autodefesa dos trabalhadores em face daqueles que detêm os meios de produção", pois através dela os trabalhadores, parte vulnerável na relação de trabalho, conseguem afetar o ponto mais sensível do empregador: "sua produção, suas atividades, de onde retira seu faturamento, seu lucro" (HINZ, 2005, p. 111).

A negociação coletiva, ao cumprir seus objetivos gerais e específicos, alcança uma situação de pacificação no meio econômico-profissional em que atua. Entretanto, no transcorrer de seu desenvolvimento ou como condição para fomentar seu início, podem os trabalhadores veicular instrumento direto de pressão e força, a greve, aparentemente contraditório à própria idéia de pacificação.

A greve é, de fato, mecanismo de autotutela de interesses; de certo modo, é exercício direto das próprias razões, acolhido pela ordem jurídica. É, até mesmo, em certa medida, 'direito de causar prejuízo', com indica o jurista *Washington da Trindade*.

---

(19) O direito de greve é "un derecho atribuido a los trabajadores *uti singuli*, aunque tenga que ser ejercitado colectivamente mediante concierto o acuerdo entre ellos" Tribunal Constitucional da Espanha, STC 11/1981. "Por justa que parecesse ser, a interrupção do trabalho por um empregado específico, para reverter uma situação adversa que isoladamente o inquietasse, não se configuraria greve" (CARVALHO, *Direito do trabalho*, 2011. cap. 21).

(20) CC, art. 186. Aquele que, por ação ou omissão voluntária, negligência ou imprudência, violar direito e causar dano a outrem, ainda que exclusivamente moral, comete ato ilícito.

(21) **Atentado contra a liberdade de trabalho**

Art. 197 – Constranger alguém, mediante violência ou grave ameaça: I – a exercer ou não exercer arte, ofício, profissão ou indústria, ou a trabalhar ou não trabalhar durante certo período ou em determinados dias: Pena – detenção, de um mês a um ano, e multa, além da pena correspondente à violência; II – a abrir ou fechar o seu estabelecimento de trabalho, ou a participar de parede ou paralisação de atividade econômica: Pena – detenção, de três meses a um ano, e multa, além da pena correspondente à violência.

Paralisação de trabalho, seguida de violência ou perturbação da ordem

Art. 200 – Participar de suspensão ou abandono coletivo de trabalho, praticando violência contra pessoa ou contra coisa: Pena – detenção, de um mês a um ano, e multa, além da pena correspondente à violência. Parágrafo único – Para que se considere coletivo o abandono de trabalho é indispensável o concurso de, pelo menos, três empregados.

Paralisação de trabalho de interesse coletivo

Art. 201 – Participar de suspensão ou abandono coletivo de trabalho, provocando a interrupção de obra pública ou serviço de interesse coletivo: Pena – detenção, de seis meses a dois anos, e multa.

Invasão de estabelecimento industrial, comercial ou agrícola. Sabotagem

Art. 202 – Invadir ou ocupar estabelecimento industrial, comercial ou agrícola, com o intuito de impedir ou embaraçar o curso normal do trabalho, ou com o mesmo fim danificar o estabelecimento ou as coisas nele existentes ou delas dispor:

Pena – reclusão, de um a três anos, e multa.

Frustração de direito assegurado por lei trabalhista

Art. 203 – Frustrar, mediante fraude ou violência, direito assegurado pela legislação do trabalho: Pena – detenção de um ano a dois anos, e multa, além da pena correspondente à violência.

(22) CF, art. 9º É assegurado o direito de greve, competindo aos trabalhadores decidir sobre a oportunidade de exercê-lo e sobre os interesses que devam por meio dele defender. (...). § 2º – Os abusos cometidos sujeitam os responsáveis às penas da lei.

Os conflitos coletivos trabalhistas, regra geral, podem passar por três modalidade de encaminhamento para sua solução: *autocomposição*, em que se situa a negociação coletiva; *heterocomposição*, em que se situam o processo judicial (dissídio coletivo), a arbitragem e a mediação (há certo debate sobre o correto enquadramento destas duas últimas figuras); por fim, *autotutela*, em que se encontram a greve e o *lock-out*.

A *autotutela* traduz, inegavelmente, modo de exercício direito de coerção pelos particulares. Por isso tem sido restringida, de maneira geral, nos últimos séculos pela ordem jurídica, que vem transferindo ao Estado as diversas (e principais) modalidades de uso coercitivo existentes na vida social (GODINHO DELGADO, 2008, p. 164).

Observe-se, porém, que o argumento de que a greve coage o empregador a aceitar as demandas dos trabalhadores por deixar de obter lucros não se aplica ao Poder Público sem ressalvas, pois, especialmente em face dos meios tecnológicos da atualidade, não se inviabiliza, de modo direto e total, a arrecadação de tributos, além de o objetivo de obtenção de *lucro* ser estranho ao Estado.

Ademais, é de suma relevância apontar que o entendimento prevalecente é de que o seu exercício deve se limitar à utilização como "mecanismo de negociação ou reação ao não-cumprimento das disposições legais ou convencionais aplicáveis à categoria", afastando a possibilidade das greves de advertência ou de solidariedade (cf., por todos, HINZ, 2005, p. 111), não obstante seja assegurado aos trabalhadores decidir quanto à *oportunidade* e aos *interesses a serem defendidos* (art. 9º, da CF e art. 1º, da Lei de Greve), mediante assembléia geral do sindicato, em quórum estabelecido pelo estatuto sindical (art. 4º, § 1º, da Lei de Greve).

Nesse sentido, é a posição de Lobo Xavier:

> (...) julgamos que, se a constituição garante a plena correspondência da greve, sem restrições, à autonomia colectiva das organizações dos trabalhadores, nem por isso a essas organizações é lícito patrocinar objetivos desconformes com a ordem jurídica, nem elas podem, ao arrepio do princípio da especialidade, actuar, através da greve, pretensões de caráter político ou de outra espécie que não estejam abrangidas pelos seus fins institucionais" (Bernardo do Gama Lobo Xavier, *Direito da greve*, p. XVIII, *apud* DALLARI, 1990, p. 151).

Note-se, porém, que o entendimento do própria Comitê de Liberdade Sindical da OIT (no mesmo sentido, GODINHO DELGADO, 2008, p. 179-180) é de que as organizações profissionais deveriam

> poder recorrer à greve para apoiar suas posições na busca de soluções aos problemas derivados das grandes questões políticas, econômicas e sociais que tenham consequências imediatas para seus membros e para os trabalhadores em geral, especialmente em matéria de emprego, proteção social e de nível de vida (OIT, 2006, p. 116).

1.4. 'Lock out'

O '*lock-out*' é a paralisação provisória das atividades empresariais, total ou parcial, realizada por determinação empresarial, "com o objetivo de exercer pressões sobre os trabalhadores, frustrando negociação coletiva ou dificultando o atendimento a reivindicações coletivas obreiras" (GODINHO DELGADO, 2008, p. 165).

Não se confunde com o fechamento decorrente de falência (CLT, art. 449), ou em virtude de *factum principis* (CLT, art. 486), ou simples encerramento do estabelecimento por decisão interna de seus controladores (compreendida como inerente ao poder empregatício), pois nesses casos há definitividade. Tampouco se confunde com a paralisação empresarial temporária decorrente de causas acidentais ou força maior (CLT, art. 61, § 3º), ou férias ou licenças remuneradas coletivas, determinadas em vista de situações adversas do mercado econômico ou outro fator relevante (CLT, art. 133, I), meras interrupções contratuais, sem efetivo prejuízo contratual ao empregado, e englobadas no *jus variandi* patronal (cf. GODINHO DELGADO, 2008, p. 167).

Tende a ser proibido, mesmo em paises de ordem jurídica democrática (exceções notáveis são a Alemanha[23] e a Suíça,[24] bem como os Estados Unidos[25],

---

(23) Considerado corolário do direito de formar associação previsto no art. 9, 3, da Grundgesetz (Lei Fundamental), cf. Westfall & Thüsing, 1999, p. 41.

(24) Art. 28, 3, da Constituição Federal da Suíça, respectivamente.

(25) NLRB v. Truck Drivers Local 449 (Buffalo Linen Supply Co.), 353 U.S. 87 (1957).

Chile[26] e México[27]), por ser considerado "instrumento desmesurado, desproporcional a uma razoável defesa dos interesses empresariais", isto é, em outras palavras, "socialmente injusto" (GODINHO DELGADO, 2008, p. 168).

A Lei de Greve o proíbe expressamente no art. 17, e por constituir falta do empregador, pode, de acordo com a gravidade, ensejar a rescisão indireta do contrato de trabalho (cf. GODINHO DELGADO, 2008, p. 170), implicando, ainda, na remuneração do período, mesmo sem prestação de serviços, pois considerado tempo à disposição do empregador (cf. HINZ, 2005, p. 113).

1.5. Requisitos de validade da greve

Os arts. 3º, 4º e 13, da Lei de Greve, estabelecem as formalidades para a deflagração da greve, cuja inobservância leva à abusividade do movimento:

- esgotamento da negociação coletiva (TST, SDC, Orientação Jurisprudencial n. 11[28]);
- convocação da categoria pelo sindicato para definir as reivindicações e eventual paralisação de atividades (inexistindo sindicato, deverão constituir comissão de negociação junto ao empregador);
- aviso-prévio ao empregador ou à comunidade (mínimo de 48h, ou 72h se serviço ou atividade essencial).

Não pode ocorrer greve na vigência de acordo ou convenção coletiva, salvo para exigir o cumprimento de cláusula ou condições neles previsto, ou superveniência de fato novo ou acontecimento imprevisto que modifique substancialmente a relação de trabalho (teoria da imprevisão, ou cláusula *rebus sic standibus* – cf. HINZ, 2005, p. 114).

Entende-se que a greve "só pode ser motivada por atos ou fatos do empregador", redundando na *abusividade* das greves políticas ou de solidariedade a outras categorias, pois nessas hipóteses inexiste a "possibilidade de o empregador influir nos motivos ou possuir meios de influenciar a solução da greve" (HINZ, 2005, p. 113). Daí a distinção entre greve *típica* e *atípica*, esta violadora das disposições legais e punível com demissão por justa causa.

A greve abusiva não gera efeitos, de modo que ao declará-la, o tribunal não concederá benefício ou vantagem aos participantes:

> **TST, SDC, Orientação Jurisprudencial n. 10 – Greve abusiva não gera efeitos.** (Inserida em 27.03.1998)
> É incompatível com a declaração de abusividade de movimento grevista o estabelecimento de quaisquer vantagens ou garantias a seus partícipes, que assumiram os riscos inerentes à utilização do instrumento de pressão máximo.

É importante ressaltar que não há *greve ilegal*, mas apenas *exercício abusivo*, cujo reconhecimento depende de declaração judicial (TST, Súmula n. 189[29] e Precedente Normativo n. 29[30]).

1.6. Direitos dos grevistas

No art. 6º, da Lei de Greve, vêm estabelecidos os direitos assegurados aos grevistas:

- emprego de meios pacíficos tendentes a persuadir ou aliciar os trabalhadores a aderirem à greve;
- a arrecadação de fundos e a livre divulgação do movimento;
- não ser constrangido pela empresa ao comparecimento ao trabalho;
- divulgar o movimento.

É, ainda, vedada a rescisão de contrato de trabalho durante a greve, bem como a contratação de trabalhadores substitutos (art. 7º, parágrafo único) – incluindo por meio de terceirização –, exceto na ocorrência das hipóteses previstas nos arts. 9º e 14:

> Art. 9º Durante a greve, o sindicato ou a comissão de negociação, mediante acordo com a entidade patronal ou diretamente com o empregador, manterá em atividade equipes de empregados com o propósito de assegurar os serviços cuja paralisação resultem em

---

(26) Art. 355, do Código del Trabajo.

(27) Art. 123, A, XVII, da Constituição Federal.

(28) TST, SDC, OJ n. 11 – Greve. Imprescindibilidade de tentativa direta e pacífica da solução do conflito. Etapa negocial prévia. (Inserida em 27.03.1998) É abusiva a greve levada a efeito sem que as partes hajam tentado, direta e pacificamente, solucionar o conflito que lhe constitui o objeto.

(29) TST, Súmula n. 189 – Greve. Competência da Justiça do Trabalho. Abusividade (Res. 11/1983, DJ 09.11.1983. Nova redação – Res. 121/2003, DJ 19.11.2003) A Justiça do Trabalho é competente para declarar a abusividade, ou não, da greve.

(30) TST, Precedente Normativo n. 29 – Greve. Competência dos Tribunais para declará-la abusiva. (positivo). (DJ 08.09.1992) Compete aos Tribunais do Trabalho decidir sobre o abuso do direito de greve. (Ex-PN n. 41)

prejuízo irreparável, pela deterioração irreversível de bens, máquinas e equipamentos, bem como a manutenção daqueles essenciais à retomada das atividades da empresa quando da cessação do movimento.

Parágrafo único. Não havendo acordo, é assegurado ao empregador, enquanto perdurar a greve, o direito de contratar diretamente os serviços necessários a que se refere este artigo.

Art. 14 Constitui abuso do direito de greve a inobservância das normas contidas na presente Lei, bem como a manutenção da paralisação após a celebração de acordo, convenção ou decisão da Justiça do Trabalho.

Parágrafo único. Na vigência de acordo, convenção ou sentença normativa não constitui abuso do exercício do direito de greve a paralisação que:

I – tenha por objetivo exigir o cumprimento de cláusula ou condição;

II – seja motivada pela superveniência de fatos novo ou acontecimento imprevisto que modifique substancialmente a relação de trabalho.

Ambas as partes devem atentar para que os direitos de terceiros não sejam violados (§ 1º) – as manifestações e atos de persuasão utilizados pelos grevistas não poderão impedir o acesso ao trabalho nem causar ameaça ou dano à propriedade ou pessoa (§ 3º, bem como os dispositivos do Código Penal já mencionados).

No setor privado, é competente a Justiça do Trabalho para apurar a responsabilidade (civil e funcional, apenas – v. STF, ADI n. 3684-MC, rel. Min. Cezar Peluso, j. 01.02.2007[31]) pelos atos praticados, ilícitos ou crimes cometidos, no curso da greve (CF, art. 114, II c.c. art. 15, da Lei de Greve). Cabe ao Ministério Público requisitar de ofício a abertura de inquérito e oferecer denúncia quando houver indício de prática de delito.

1.7. Deveres dos grevistas

O direito de greve é limitado pelo interesse social, quando os serviços prestados tiverem caráter social relevante, a paralisação puder trazer problemas à sociedade como um todo, extrapolando os limites da relação dos trabalhadores com seu empregado ou categoria econômica envolvida no litígio.

Durante a paralisação, os sindicatos, trabalhadores e empregadores devem garantir a prestação dos serviços "indispensáveis ao atendimento das necessidades inadiáveis da comunidade", i.e., aquelas que, "não atendidas, coloquem em perigo iminente a sobrevivência, a saúde e a segurança da população" (art. 11, *caput* e parágrafo único).

O art. 10, da Lei n. 7783/1989 traz, ainda, rol das atividades tidas por essenciais, e, portanto, não sujeitas a paralisação:

- tratamento e abastecimento de água; produção e distribuição de energia elétrica, gás e combustíveis;
- assistência médica e hospitalar;
- distribuição e comercialização de medicamentos e alimentos;
- funerários;
- transporte coletivo;
- captação e tratamento de esgoto e lixo;
- telecomunicações;
- guarda, uso e controle de substâncias radioativas, equipamentos e materiais nucleares;
- processamento de dados ligados a serviços essenciais;
- controle de tráfego aéreo;
- compensação bancária.

Há posição doutrinária afirmando que a lista legal é taxativa (WALBER AGRA, 2010, p. 310; HINZ, 2005, p. 118), porém, entendo que o parágrafo único do art. 11 ("São necessidades inadiáveis, da comunidade aquelas que, não atendidas, coloquem em perigo iminente a sobrevivência, a saúde ou a segurança da população") funciona como cláusula de abertura, permitindo a caracterização de outras atividades como *essenciais*, posição esta adotada explicitamente pelo STF no julgamento dos mandados de injunção ns. 708 (rel. Min. Gilmar Mendes, j. 25.10.2007) e 670 (rel. Min. Maurício Corrêa, rel. p/ acórdão Min. Gilmar Mendes, j. 25.10.2007).

Relevante apontar a posição de Cintra do Amaral (2002), para quem não há que se falar em "serviço público essencial", pois se a prestação dos serviços públicos é dever do Poder Público, que pode prestá-los direta ou indiretamente, todo serviço público é, por definição, essencial à comunidade – "o Poder Público tem o dever de prestar, adequada e continuamente, todos os serviços públicos, como tal definidos pelo ordenamento jurídico.

---

(31) "**Competência criminal.** Justiça do Trabalho. Ações penais. Processo e julgamento. Jurisdição penal genérica. Inexistência. Interpretação conforme dada ao art. 114, incs. I, IV e IX, da CF, acrescidos pela EC n. 45/2004. Ação direta de inconstitucionalidade. Liminar deferida com efeito *ex tunc*. O disposto no art. 114, incs. I, IV e IX, da Constituição da República, acrescidos pela Emenda Constitucional n. 45, não atribui à Justiça do Trabalho competência para processar e julgar ações penais."

Pode simplesmente optar entre a prestação direta e a indireta" (CINTRA DO AMARAL, 2002). Este foi, inclusive, o entendimento adotado pelos ministros do STF no julgamento dos mandados de injunção n. 670, 708 e 712, entendendo que nos serviços públicos deve sempre ser garantida a ininterruptividade da prestação.

Ademais, a caracterização dos serviços essenciais e atividades inadiáveis independem do regime jurídico da prestação.

Ainda que não se trate de atividade essencial, devem ser garantidos, por meio de equipes de empregados, os serviços cuja paralisação causem prejuízos irreparáveis, pela deterioração irreversível de bens, máquinas e equipamentos, bem como a manutenção daqueles que forem indispensáveis à retomada das atividades da empresa quando da cessação do movimento (art. 9º, da Lei de Greve).

O não atendimento desses requisitos implica em abusividade da greve:

> TST, SDC, Orientação Jurisprudencial n. 38 – Greve. Serviços essenciais. Garantia das necessidades inadiáveis da população usuária. Fator determinante da qualificação jurídica do movimento. (Inserida em 07.12.1998)
>
> É abusiva a greve que se realiza em setores que a lei define como sendo essenciais à comunidade, se não é assegurado o atendimento básico das necessidades inadiáveis dos usuários do serviço, na forma prevista na Lei n. 7.783/1989.

Havendo inobservância da garantia da manutenção dos serviços essenciais, o Poder Público deverá assegurar a prestação dos serviços (art. 12), "o que na prática tem demonstrado certa impossibilidade fática" (HINZ, 2005, p. 119).

Em situação decorrente da greve de médicos peritos do INSS, iniciada em 22.06.2010 – onde apenas metade seguia trabalhando, observando determinação do STJ –, o Ministério Público Federal, na ação civil pública n. 2009.61.00.026369-6, solicitou, e a Justiça Federal determinou, a contratação, em caráter emergencial, de funcionários, para realizar as atribuições dos grevistas, a fim de garantir a adequada prestação do serviço público.[32]

1.8. Solução do conflito

A solução se dará por meio de acordos ou convenções coletivas de trabalho, ou sentença normativa – art. 7º, da Lei de Greve.

O art. 856, da CLT, autoriza seja instaurado de ofício, pelo presidente do Tribunal competente, o dissídio coletivo de greve, excepcionando o princípio dispositivo,[33] hipótese em que terá urgência em seu trâmite (CLT, art. 860, parágrafo único). Em se tratando de greve em atividades essenciais, faculta-se ao Ministério Público do Trabalho o ajuizamento de dissídio coletivo (CF, art. 114, § 3º) – nesta hipótese a legitimidade do Ministério Público do Trabalho é limitada a assegurar a prestação dos serviços essenciais (cf. BRITO FILHO, 2009, p. 241). A representação judicial da categoria será feita pelo sindicato ou comissão eleita (art. 5º, da Lei de Greve).

Discute-se sobre a aplicação da arbitragem no âmbito do Poder Público, sobretudo em razão da Lei n. 11079/2004 (Lei das PPP), que a prevê como mecanismo para dirimir conflitos contratuais (art. 11, III). Porém, ante a falta de suporte legal, não se pode cogitar de sua utilização no âmbito de negociações salariais com os servidores.

2. A GREVE E O SERVIDOR PÚBLICO

2.1. Serviço público e servidor público

A Constituição Federal elegeu alguns serviços que podem/devem ser prestados pelo Estado ("serviços públicos"): art. 21, X, XI (EC n. 8/1995), XII, XV, XXII, XXIII[34] e art. 25, § 2º[35] e alguns que não podem ser

---

(32) Disponível em: <http://www.prsp.mpf.gov.br/25-08-10-2013-justica-pedido-do-mpf-e-determina-que-inss-contrate-medicos-para-fazer-pericia>.

(33) CPC, art. 2º Nenhum juiz prestará a tutela jurisdicional senão quando a parte ou o interessado a requerer, nos casos e forma legais.

(34) CF, art. 21. Compete à União: (...); X – manter o serviço postal e o correio aéreo nacional; XI – explorar, diretamente ou mediante autorização, concessão ou permissão, os serviços de telecomunicações, nos termos da lei, que disporá sobre a organização dos serviços, a criação de um órgão regulador e outros aspectos institucionais; XII – explorar, diretamente ou mediante autorização, concessão ou permissão: a) os serviços de radiodifusão sonora, e de sons e imagens; b) os serviços e instalações de energia elétrica e o aproveitamento energético dos cursos de água, em articulação com os Estados onde se situam os potenciais hidroenergéticos; c) a navegação aérea, aeroespacial e a infra-estrutura aeroportuária; d) os serviços de transporte ferroviário e aquaviário entre portos brasileiros e fronteiras nacionais, ou que transponham os limites de Estado ou Território; e) os serviços de transporte rodoviário interestadual e internacional de passageiros; f) os portos marítimos, fluviais e lacustres; (...); XV – organizar e manter os serviços oficiais de estatística, geografia, geologia e cartografia de âmbito nacional; (...); XXII – executar os serviços de polícia marítima, aeroportuária e de fronteiras; XXIII – explorar os serviços e instalações nucleares de qualquer natureza e exercer monopólio estatal sobre a pesquisa, a lavra, o enriquecimento e reprocessamento, a industrialização e o comércio de minérios nucleares e seus derivados, atendidos os seguintes prin-

públicos: art. 173.⁽³⁶⁾ A atividade econômica ficou reservada constitucionalmente à sociedade, salvo nos casos excepcionais, entre os quais estão os serviços públicos que se perfazem no campo econômico, previstos de forma específica ou genérica na Constituição Federal, e, ainda que a atividade econômica seja acometida ao Estado como um serviço público, continua vocacionada à colaboração do setor privado (cf. Lúcia Valle Figueiredo, 2006, p. 81).

Define-se, assim, o *serviço público*, na lição de Lúcia Valle Figueiredo, como

> toda atividade material fornecida pelo Estado, ou por quem esteja a agir no exercício da função administrativa, ou houver permissão constitucional e legal para isso, com o fim de implementação de deveres consagrados constitucionalmente relacionados à utilidade pública, que deve ser concretizada, sob regime prevalecente do Direito Público (2006, p. 81).

Daí se afirmar que é público todo o serviço "que o ordenamento jurídico (...) diz que é" (CINTRA DO AMARAL, 2002). Pode ser prestado das seguintes formas: delegação, concessão, permissão – ato administrativo (autorização), e ato administrativo complexo (convênios, acordos de programa, consórcios), sem delegação por contratos adesivos, precedidos de licitação, salvo hipóteses de dispensa e inexigibilidade (Lei n. 8666/1993). Dependendo do tipo de prestação de serviço, aplicar-se-á um ou outro regime jurídico ou até mesmo características mistas (apesar de prestado por particular devem ser autorizados e fiscalizados pelo Poder Público devido à sua relevância para a sociedade) (cf. LÚCIA VALLE FIGUEIREDO, 2006, p. 83).

Na prestação do serviço público, observam-se, além daqueles atinentes à Administração Pública em geral,⁽³⁷⁾ os seguintes princípios: *continuidade* (não suporta interrupções ou suspensões – o art. 22, da Lei n. 8078/1990 consagra a obrigatoriedade da continuidade dos serviços essenciais); *indisponibilidade do interesse público*; *vedação da exceção do contrato não cumprido* (salvo nas específicas hipóteses previstas no art. 78, da Lei n. 8666/1993⁽³⁸⁾).

A *função administrativa* se encontra sob regime *prevalecente* de direito público – pois pode haver a prestação da função administrativa sob regime parcial do Direito Privado, por quem faça às vezes do Estado, como é o caso dos concessionários de serviço público (cf. LÚCIA

---

cípios e condições: a) toda atividade nuclear em território nacional somente será admitida para fins pacíficos e mediante aprovação do Congresso Nacional; b) sob regime de permissão, são autorizadas a comercialização e a utilização de radioisótopos para a pesquisa e usos médicos, agrícolas e industriais; c) sob regime de permissão, são autorizadas a produção, comercialização e utilização de radioisótopos de meia-vida igual ou inferior a duas horas; (...).

(35) CF, art. 25, § 2º – Cabe aos Estados explorar diretamente, ou mediante concessão, os serviços locais de gás canalizado, na forma da lei, vedada a edição de medida provisória para a sua regulamentação.

(36) CF, art. 173. Ressalvados os casos previstos nesta Constituição, a exploração direta de atividade econômica pelo Estado só será permitida quando necessária aos imperativos da segurança nacional ou a relevante interesse coletivo, conforme definidos em lei.

(37) P. ex., o art. 37, da CF, dentre outros previstos em legislação infraconstitucional, como, no plano federal, o art. 2º, da Lei n. 9784/1999.

(38) Lei n. 8666/1993, art. 78, I – o não cumprimento de cláusulas contratuais, especificações, projetos ou prazos; II – o cumprimento irregular de cláusulas contratuais, especificações, projetos e prazos; III – a lentidão do seu cumprimento, levando a Administração a comprovar a impossibilidade da conclusão da obra, do serviço ou do fornecimento, nos prazos estipulados; IV – o atraso injustificado no início da obra, serviço ou fornecimento; V – a paralisação da obra, do serviço ou do fornecimento, sem justa causa e prévia comunicação à Administração; VI – a subcontratação total ou parcial do seu objeto, a associação do contratado com outrem, a cessão ou transferência, total ou parcial, bem como a fusão, cisão ou incorporação, não admitidas no edital e no contrato; VII – o desatendimento das determinações regulares da autoridade designada para acompanhar e fiscalizar a sua execução, assim como as de seus superiores; VIII – o cometimento reiterado de faltas na sua execução, anotadas na forma do § 1º do art. 67 desta Lei; IX – a decretação de falência ou a instauração de insolvência civil; X – a dissolução da sociedade ou o falecimento do contratado; XI – a alteração social ou a modificação da finalidade ou da estrutura da empresa, que prejudique a execução do contrato; XII – razões de interesse público, de alta relevância e amplo conhecimento, justificadas e determinadas pela máxima autoridade da esfera administrativa a que está subordinado o contratante e exaradas no processo administrativo a que se refere o contrato; XIII – a supressão, por parte da Administração, de obras, serviços ou compras, acarretando modificação do valor inicial do contrato além do limite permitido no § 1º do art. 65 desta Lei; XIV – a suspensão de sua execução, por ordem escrita da Administração, por prazo superior a 120 (cento e vinte) dias, salvo em caso de calamidade pública, grave perturbação da ordem interna ou guerra, ou ainda por repetidas suspensões que totalizem o mesmo prazo, independentemente do pagamento obrigatório de indenizações pelas sucessivas e contratualmente imprevistas desmobilizações e mobilizações e outras previstas, assegurado ao contratado, nesses casos, o direito de optar pela suspensão do cumprimento das obrigações assumidas até que seja normalizada a situação; XV – o atraso superior a 90 (noventa) dias dos pagamentos devidos pela Administração decorrentes de obras, serviços ou fornecimento, ou parcelas destes, já recebidos ou executados, salvo em caso de calamidade pública, grave perturbação da ordem interna ou guerra, assegurado ao contratado o direito de optar pela suspensão do cumprimento de suas obrigações até que seja normalizada a situação; XVI – a não liberação, por parte da Administração, de área, local ou objeto para execução de obra, serviço ou fornecimento, nos prazos contratuais, bem como das fontes de materiais naturais especificadas no projeto; XVII – a ocorrência de caso fortuito ou de força maior, regularmente comprovada, impeditiva da execução do contrato. XVIII – descumprimento do disposto no inciso V do art. 27, sem prejuízo das sanções penais cabíveis. Parágrafo único. Os casos de rescisão contratual serão formalmente motivados nos autos do processo, assegurado o contraditório e a ampla defesa.

VALLE FIGUEIREDO, 2006, p. 81; Celso Antônio, 2003, p. 34), exercida "*na intimidade de uma estrutura e regime hierárquicos*", caracterizado em nosso sistema constitucional pelo fato de ser "*desempenhado mediante comportamentos infralegais ou*, excepcionalmente, infraconstitucionais, submissos todos a *controle de legalidade pelo Poder Judiciário*" (CELSO ANTÔNIO, 2003, p. 34), de modo que se agrega ao conceito de serviço público o *critério orgânico* (o Estado ou quem esteja no exercício da função administrativa), o *critério material* (a atividade intitulada como pública), e também o *regime jurídico* (sob regime prevalecente de Direito Público).

Assim, todos os que servem ao Poder Público são denominados *agentes públicos*, que é a mais ampla e compreensiva locução, referindo-se englobadamente às diversas categorias dos que, sob títulos jurídicos diversos, atuam em nome do Estado – "quem quer que desempenhe funções estatais é, enquanto as exerce, um agente público" (CELSO ANTÔNIO, 1991, p. 9).

Exprimem uma manifestação estatal, "munidos de uma qualidade que só podem possuir por lhes haver o Estado emprestado sua força jurídica, exigindo ou consentindo-lhes o uso, para satisfação de fins que transcendem interesses privados" (CELSO ANTÔNIO, 1991, p. 9); sua caracterização depende da *natureza estatal da missão desempenhada*, bem como da *investidura nela*. Podem ser classificados em três grandes grupos: *agentes políticos*, *servidores públicos*, e *particulares em atuação colaboradora com o Poder Público* (CELSO ANTÔNIO, 1991, p. 11).

Os **agentes políticos** são os titulares dos cargos estruturais à organização política do país, e têm por função formar a vontade superior do Estado (chefes do Executivo e respectivos auxiliares imediatos, e membros do Legislativo); são ligados ao Estado por relação jurídica de natureza institucional ou estatutária, derivados diretamente da Constituição e das leis, que "podem estabelecer modificações em seus poderes e deveres sem que lhes caiba oposição" (CELSO ANTÔNIO, 1991, p. 11-12). **Servidores públicos** são aqueles que mantém relação de trabalho com o Poder Público (administração direta ou indireta), de natureza profissional e caráter não eventual, sob vínculo de dependência. Entre eles se distinguem: *servidores públicos civis* (administração direta, autarquias e fundações públicas) – funcionários públicos (titulares de cargo, sob regime estatutário), servidores de autarquias[39] (também titulares de cargo e sob regime estatutário), empregados (contratados por regime celetista pela administração direta, autarquias e fundações públicas); *contratados* pelo art. 37, IX, da CF, para atender necessidade temporária de excepcional interesse público e por tempo determinado; *servidores de empresas públicas, sociedades de economia mista e fundações governamentais* não caracterizáveis como funcionários públicos (todos sob regime celetista) (CELSO ANTÔNIO, 1991, p. 12-13). São **particulares em colaboração com a administração** os que cumprem função pública ou serviço público por requisição do Estado, sem caráter profissional (convocados para prestar serviço militar, jurados, membros de mesa receptora ou apuradora de votos em época eleitoral), ou que, *sponte propria*, assumem a gestão da coisa pública em momentos de emergência (gestores de negócios), ou ainda que, com a concordância do Poder Público, sem relação de dependência institucional desempenham, por conta própria, embora em nome do Estado, uma função ou serviço público (contratados através de locação civil de serviços ou delegados de função, ofício ou serviço público – tabeliães e titulares de serventias públicas não oficializadas, diretores de faculdade, concessionários e permissionários de serviço ou obra pública, bem como "outras pessoas que praticam certos dotados de força jurídica oficial") (CELSO ANTÔNIO, 1991, p. 17-18).

O vínculo jurídico entre Estado e funcionário não é de natureza *contratual* (de direito público), mas sim, como já afirmado, *institucional*, não determinado por via consensual – "o ato de nomeação é unilateral e proporciona a inserção de alguém debaixo de um regime jurídico prefixado, sobre o qual a vontade do funcionário não tem força jurídica para intervir" (CELSO ANTÔNIO, 1991, p. 19); a posse é ato de vontade do nomeado, de modo que há efetivamente um acordo, mas somente para a formação do vínculo, sem atingir o conteúdo da relação.

Na legislação infraconstitucional, porém, sobretudo após a Constituição Federal de 1988, a utilização da terminologia é destoante, tendendo a referir-se sob o vocábulo servidor especificamente os *funcionários públicos* e *servidores de autarquias e fundações*, como o fazem, exemplificadamente, a Lei n. 8112/1990[40] (estatuto

---

(39) Não são funcionários públicos por não receberem suas retribuições dos cofres dos entes políticos, mas das autarquias a que estão vinculados – "basta o fato de serem, por vezes, equiparados para que se conclua, sem sombra de dúvidas, que funcionários não são. Se fossem, não haveria necessidade de equipará-los" (CELSO ANTÔNIO, 1991, p. 26).

(40) Os arts. 2º e 3º, da Lei n. 8112, definem servidor como a pessoa legalmente investida em cargo público, e este como o conjunto de atribuições e responsabilidades previstas na estrutura organizacional que devem ser cometidas a um servidor, criados por lei, com denominação própria e vencimentos pagos pelos cofres públicos para provimento em caráter efetivo ou em comissão.

dos servidores públicos civis da União, das autarquias e das fundações públicas federais) e Constituição paulista[41]-[42]. Tais definições legais não prejudicam, contudo, a classificação doutrinária acima exposta, pois, para os fins deste trabalho, nos referiremos a *servidor público* como *todo aquele que mantém relação de trabalho com o Poder Público (administração direta ou indireta), de natureza profissional e caráter não eventual, sob vínculo de dependência*, conforme já definido, eventualmente realizando a distinção entre celetistas e estatutários, pois o serviço público não deixa de ser público ainda que prestado por pessoa estruturada nos moldes do Direito Privado, que é o caso do serviço prestado por concessionários ou permissionários, regidos pela Lei n. 8987/1995 (LÚCIA VALLE FIGUEIREDO, 2006, p. 80).

2.2. Direito de greve no setor público

No setor público não há conflito entre trabalho e capital, pois não há empresário nem tampouco lucro. Via de consequência, mesmo nos estados democráticos é controversa a atribuição aos servidores públicos de direitos ligados à sindicalização, e em especial à greve.

É notável que nos Estados Unidos, através da 'Federal Labor Relations Act' de 1978 (5 USC §§ 2101-10106), é expressamente proibida a greve nos serviços públicos federais, considerada "prática injusta de trabalho",[43] enquanto que nos estados esse direito é concedido de forma restrita[44] – daí afirmar Adilson Dallari (1990, p. 154) não haver perfeita identidade entre *direito de greve* e *democracia*.

Na França, os sindicatos de trabalhadores justificam as greves do funcionalismo arrazoando que elas têm, também, por finalidade, defender as missões e a qualidade do serviço público, que passa também pela luta contra a diminuição do número de postos de trabalho, e a defesa das condições de trabalho em geral. Com efeito, defendem, ao final, os interesses dos usuários ao buscar a melhora da qualidade do serviço público.[45]

Já no Brasil, por longo período se proibiu a greve dos serviços públicos[46] em virtude, sobretudo, do princípio da continuidade, "visando a impedir que fossem interrompidas atividades necessárias ao atendimento do interesse público" (MEDAUAR, 2008, p. 280). Somente com o Decreto-lei n. 9.070, de 15.03.1946, é que se passou a tolerar a greve nas atividades acessórias, não obstante a proibição prevista na Constituição de 1937, no que se antecipou à Constituição promulgada mais tarde naquele mesmo ano, mantendo, porém, a vedação nas "atividades fundamentais", o que se manteve até o advento da Constituição de 1988, como já visto.

2.3. A Constituição de 1988

O direito de greve e sindicalização do servidor público (art. 37, VI e VII), possibilitando a organização em categoria e representação pelo sindicato correspondente, trazendo força às reivindicações, foi uma das grandes modificações trazidas pelo texto constitucional de 1988. Tais direitos se aplicam aos servidores públicos *lato sensu* (CELSO ANTÔNIO, 1991, p. 100; DALLARI, 1990, p. 145), observadas, por óbvio, as ressalvas constitucionais em relação aos servidores militares.

O texto constitucional faz referência a posterior regulamentação legislativa, que não poderá, é certo, desrespeitar os preceitos dados pela Constituição Federal, de modo que a regulamentação/restrição, de modo a torná-lo impraticável, a diminuição ou extinção do direito

---

(41) Constituição Estadual de São Paulo, art. 124 – Os servidores da administração pública direta, das autarquias e das fundações instituídas ou mantidas pelo Poder Público terão regime jurídico único e planos de carreira.

(42) O regime constitucional vigente não autoriza, em nenhuma hipótese, a admissão de trabalhadores pela administração pública direta e autárquica, contudo, no estado de São Paulo, é comum encontrar trabalhadores ligados a autarquias por regime jurídico de direito privado com fundamento nas leis locais específicas que criaram esses antes da instituição do regime jurídico único de direito público.

(43) § 7116, (b) For the purpose of this chapter, it shall be an unfair labor practice for a labor organization – (...) (7)(A) to call, or participate in, a strike, work stoppage, or slowdown, or picketing of an agency in a labor-management dispute if such picketing interferes with an agency's operations, or (B) to condone any activity described in subparagraph (A) of this paragraph by failing to take action to prevent or stop such activity; or (8) to otherwise fail or refuse to comply with any provision of this chapter (http://www.flra.gov/statute_7116).

(44) Disponível em: <http://en.wikipedia.org/wiki/Strike_action; http://en.wikipedia.org/wiki/National_Labor_Relations_Act>.

(45) Disponível em: <http://fr.wikipedia.org/wiki/Grève>.

(46) Decreto-lei n. 1632/1978, art. 1º – São de interesse da segurança nacional, dentre as atividades essenciais em que a greve é proibida pela Constituição, as relativas a serviços de água e esgoto, energia elétrica, petróleo, gás e outros combustíveis, bancos, transportes, comunicações, carga e descarga, hospitais, ambulatórios, maternidades, farmácias e drogarias, bem assim as de indústrias definidas por decreto do Presidente da República. § 1º Compreendem-se na definição deste artigo a produção, a distribuição e a comercialização. § 2º Consideram-se igualmente essenciais e de interesse da segurança nacional os serviços públicos federais, estaduais e municipais, de execução direta, indireta, delegada ou concedida, inclusive os do Distrito Federal.

Lei n. 4330/1964, art 4º A greve não pode ser exercida pelos funcionários e servidores da união, Estados, Territórios, Municípios e autarquias, salvo se se tratar de serviço industrial e o pessoal não receber remuneração fixada por lei ou estiver amparado pela legislação do trabalho.

de greve será inconstitucional; por outro lado, não pode a lei tornar ilimitado o direito de greve, devendo permanecer o respeito à coletividade, segurança, saúde, educação, etc. – "A lei poderá apenas estabelecer parâmetros de molde a se fazer respeitar o direito da coletividade" (LÚCIA VALLE FIGUEIREDO, 2006, p. 631).

A forma tímida com que a Constituição se refere ao direito de greve do servidor público é certamente resquício do tratamento constitucional anterior, em que era expressamente vedada a greve no serviço público e nos serviços essenciais (EC n. 1/1969, art. 162; CF/1967, art. 157, § 7º) – a CF/1946 garantia o exercício do direito de greve (art. 158), mas era silente quanto à sua realização no âmbito do serviço público; a de CF/1937 (art. 139), o proibia de forma geral; as anteriores não conheceram do problema; a CF/1934, no entanto, assegurava o reconhecimento dos sindicatos e associações profissionais (art. 120).

Assim foi que a modificação normativa logo foi fadada à ineficácia, em face da omissão do legislador, que o Judiciário reiteradamente recusou-se a suprir. Assim foi que no mandado de injunção n. 20 (rel. Min. Celso de Mello, j. 19.05.1994), o STF firmou posição de que o exercício do direito de greve pelo servidor público estava condicionado à edição da lei complementar prevista no art. 37, VII, da CF (depois alterado para "lei específica", pela EC n. 19/1998).

Também o STJ, inicialmente (p. ex., no RMS 2671, rel. Min. Anselmo Santiago, j. 30.06.1993), defendeu a não auto-aplicabilidade do art. 37, VII, da CF – porém, as autoridades administrativas não instauraram processo administrativo disciplinar contra os participantes de greves (cf. MEDAUAR, 2008, p. 280).

A doutrina, por outro lado, postou-se de modo firme na defesa da eficácia da norma constitucional. José Afonso afirmava que o direito existe por força da Constituição – "não é a lei que vai criar o direito" (no mesmo sentido: BASTOS; BRITTO, *apud* DALLARI, 1990, p. 153) – reforçado por se ter assegurado amplo e irrestrito direito à livre associação sindical (art. 37, VI), "que implica, só por si, o direito à greve" (2007, p. 700).

Da mesma forma, Celso Antônio (1991, p. 101) assevera que o direito de greve do servidor público civil "é exercitável desde logo, antes mesmo de editada a sobredita norma complementar, que lhe estabelecerá os limites", mas não poderá deixar de atender as *necessidades inadiáveis* da sociedade, identificadas segundo critérios de razoabilidade, visto que a obrigação de supri-las é constitucionalmente prevista até mesmo para os trabalhadores da esfera privada (art. 9º, § 1º, da Lei de Greve).

Dallari apontava a eficácia mínima de derrogar as leis que impunham sanção aos grevistas pela simples participação, bem como impedir a edição de leis que visem a frustrar ou burlar o preceito constitucional. Outra coisa é descontar os dias parados, que vê como poder/dever da autoridade; ressalva-se a responsabilidade pelo abuso (1990, p. 153).

Ante a inércia legislativa e judicial, o executivo, através do Decreto n. 1480/1995, pretendeu regulamentar o exercício do direito de greve no serviço público federal, vedando que os dias parados sejam objeto de abono, compensação, cômputo para fins de contagem de tempo de serviço ou qualquer outra vantagem; impõe, ainda, a exoneração imediata ou dispensa, conforme o caso, dos ocupantes de cargo em comissão que venham a aderir a movimento grevista.

Não obstante as posições firmadas nas Cortes Superiores, vez por outra uma decisão divergente pôde ser encontrada, e destas, exemplo luminar é a decisão proferida pelo Min. Marco Aurélio em pedido de Suspensão de Segurança, assentando a greve como direito natural, ínsito à condição de trabalhador:

> A República Federativa do Brasil tem como fundamentos, entre outros, a cidadania, a dignidade da pessoa humana e os valores sociais do trabalho e da livre iniciativa – art. 1º da Constituição Federal. Em assim sendo, ganha envergadura o direito do trabalhador (gênero) de engajar-se em movimento coletivo, com o fim de alcançar melhoria na contraprestação dos serviços, mostrando-se a greve o último recurso no âmbito da resistência e pressão democráticas. Em síntese, na vigência de toda e qualquer relação jurídica concernente à prestação de serviços, é irrecusável o direito à greve. E este, porque ligado à dignidade do homem – consubstanciando expressão maior da liberdade a recusa, ato de vontade, em continuar trabalhando sob condições tidas como inaceitáveis –, merece ser enquadrado entre os direitos naturais.
>
> Assentado o caráter de direito natural da greve, há de se impedir práticas que acabem por negá-lo. É de se concluir que, na supressão, embora temporária, da fonte do sustento do trabalhador e daqueles que dele dependem, tem-se feroz radicalização, com resultados previsíveis, porquanto, a partir da força, inviabiliza-se qualquer movimento, surgindo o paradoxo: de um lado, a Constituição republicana e democrática de 1988 assegura o direito à paralisação dos serviços como derradeiro recurso contra o arbítrio, a exploração do homem pelo homem, a exploração do homem pelo Estado; de outro, o detentor do poder o exacerba, desequilibrando, em nefasto procedimento, a frágil equação apanhada pela greve. Essa

impulsiva e voluntariosa atitude, que leva à reflexão sobre a quadra vivida pelos brasileiros, acaba por desaguar não na busca do diálogo, da compreensão, mas em algo muito pior que aquilo que a ensejou. Põe-se por terra todo o esforço empreendido em prol da melhor solução para o impasse, quando o certo seria compreender o movimento em suas causas e, na mesa de negociações, suplantar a contenda, cumprindo às partes rever posições extremas assumidas unilateralmente. Em suma, a greve alcança a relação jurídica tal como vinha sendo mantida, mesmo porque, em verdadeiro desdobramento, o exercício de um direito constitucional não pode resultar em prejuízo, justamente, do beneficiário, daquele a quem visa a socorrer em oportunidade de ímpar aflição. A gravidade dos acontecimentos afigura-se ainda maior quando o ato que obsta a satisfação de prestação alimentícia tem como protagonista o Estado, ente organizacional que deve fugir a radicalismos. Cabe-lhe, isto sim, zelar pela preservação da ordem natural das coisas, que não se compatibiliza com deliberação que tem por finalidade colocar de joelhos os servidores, ante o fato de a vida econômica ser impiedosa, nem se coaduna com o rompimento do vínculo mantido. A greve tem como conseqüência a suspensão dos serviços, mostrando-se ilógico jungi--la – como se fosse fenômeno de mão dupla, como se pudesse ser submetida a uma verdadeira Lei de Talião – ao não-pagamento dos salários, ao afastamento da obrigação de dar, de natureza alimentícia, que é a satisfação dos salários e vencimentos, inconfundível com a obrigação de fazer. A assim não se entender, estar-se-á negando, repita-se, a partir de um ato de força descomunal, desproporcional, estranho, por completo, ao princípio da razoabilidade, o próprio direito de greve, a eficácia do instituto, no que voltado a alijar situação discrepante da boa convivência, na qual a parte economicamente mais forte abandona o campo da racionalidade, do interesse comum e ignora o mandamento constitucional relativo à preservação da dignidade do trabalhador.

Num País que se afirma democrático, é de todo inadmissível que aquele que optou pelo exercício de um direito seja deixado à míngua, para com isso e a partir disso, acuado e incapaz de qualquer reação, aceitar regras que não lhe servem, mas que, diante da falta de alternativas, constarão do "acordo". Vê-se, portanto, o quão impertinente afigura-se a suspensão do pagamento em questão, medida de caráter geral a abranger não só os diretamente ligados no movimento, como também aqueles que, sob o ângulo da mais absoluta conveniência, da solidariedade quase que involuntária, viram-se atingidos pelo episódio. A greve suspende a prestação dos serviços, mas não pode reverter em procedimento que a inviabilize, ou seja, na interrupção do pagamento dos salários e vencimentos. A conseqüência da perda advinda dos dias de paralisação há de ser definida uma vez cessada a greve. Conta-se, para tanto, com o mecanismo dos descontos, a elidir eventual enriquecimento indevido, se é que este, no caso, possa se configurar. Para a efetividade da garantia constitucional de greve, deve ser mantida a equação inicial, de modo a se confirmar a seriedade que se espera do Estado, sob pena de prevalecer o domínio do irracional, a força pela força. É tempo de considerar que a ferocidade da repressão gera resistências, obstaculizando a negociação própria à boa convivência, à constante homenagem aos parâmetros do Estado Democrático de Direito.

A falta de repasse de verbas às universidades resulta na realização da justiça com as próprias mãos, na formalização de ato omissivo conflitante com a autonomia administrativa e de gestão financeira prevista no art. 207 da Constituição Federal, havendo-se o Ministério da Educação no mister de gerenciar as folhas de pagamento do pessoal. Por isso mesmo, a suspensão de ato judicial que garantiu tal repasse não pode ser tida como enquadrável na ordem jurídica em vigor, de vez que antecipa definição que não está sequer submetida, em ação própria, ao Judiciário. Assim, descabe potencializar o fato de o direito de greve, assegurado constitucionalmente aos servidores, não se encontrar regulado, mesmo que passados mais de dez anos da promulgação da Carta de 1988. Vale frisar que, enquanto isso não acontece, tem-se não o afastamento, em si, do direito, mas a ausência de balizas que possam, de alguma forma, moldá-lo. O que cumpre pesar é a inexistência de um dos pressupostos à suspensão da liminar – ameaça de grave lesão à ordem pública e administrativa. Aliás, sob esse aspecto, o risco maior, levando-se em conta a busca do entendimento e a autonomia universitária, está, justamente, na supressão do repasse de verba às universidades.

STF, SS 2061-AgR, rel. Min. Marco Aurélio, j. 30.10.2001.

Essa decisão, porém, não implicou em mudança imediata de posição do STF quanto à eficácia do direito de greve no âmbito do funcionalismo.

Esse estado, criado a partir da Constituição de 1988, permitiu que entidades governamentais e sindicais, por motivos diversos, favorecessem o estado de inércia, pois "a representação de servidores não vê com bons olhos a regulamentação do tema, porque visa a disciplinar uma seara que hoje está submetida a um tipo de lei da selva", contribuindo, então, "para que as greves no âmbito do serviço público se realizem sem qualquer controle jurídico, dando ensejo a negociações heterodoxas, ou a ausências que comprometem a própria prestação do serviço público, sem qualquer base legal" (Min. Gilmar Mendes, voto *in* MI n. 670).

Mas o tempo, e renitente omissão legislativa, finalmente, vieram a despertar os ministros do STF para a necessidade de firmar a plena eficácia da norma constitucional.

2.4. Os mandados de injunção ns. 670, 708 e 712

Em 17.05.2002 foi distribuído ao Min. Maurício Corrêa o mandado de injunção n. 670, impetrado pelo *Sindicato dos Servidores Policiais Civis do Estado do Espírito Santo – SINDPOL*, visando viabilizar o exercício do direito de greve por seus representados. Esta ação, em certo momento, passou a ser apreciada em conjunto com outras duas, ajuizadas posteriormente, que versavam sobre o mesmo tema: MI n. 708, rel. Min. Gilmar Mendes, distribuído em 03.08.2004 pelo *SINTEM – Sindicato dos Trabalhadores em Educação do Município de João Pessoa*; MI n. 712, rel. Min. Eros Grau, distribuído em 15.09.2004 pelo *Sindicato dos Trabalhadores do Poder Judiciário do Estado do Pará – SINJEP*.

O julgamento final deu-se em 25.10.2007, marcando momento histórico não só para o funcionalismo, que finalmente, após por diversas oportunidades ter visto o legislador ser declarado em mora (MI n. 20, rel. Min. Celso de Mello, p. ex.), viu reconhecido de forma firme e definitiva o seu direito de greve, como para os direitos fundamentais em geral, que, a partir deste momento, passaram a ter instrumento de plena realização, visto que até então o STF vinha reafirmando posicionamento conservador em relação ao mandado de injunção, segundo o qual este importante instrumento da democracia limitava-se a ter como objeto a declaração de mora do Legislativo, em nada contribuindo para a efetividade dos direitos, em especial os fundamentais, previstos no texto constitucional, o que há muito era defendido pela doutrina nacional, pois a finalidade do mandado de injunção, desde sua criação, é "realizar concretamente em favor do impetrante o direito, liberdade ou prerrogativa sempre que a norma regulamentadora torne inviável seu exercício" (JOSÉ AFONSO DA SILVA, 2009, p. 166). Firmou-se, assim, o alargamento dos poderes normativos reconhecidos pela Corte Constitucional, evidente "resposta à crise das instituições democráticas" (Rui Medeiros *apud* Gilmar Mendes, voto *in* MI n. 670).

Inexiste discricionariedade no exercício da função legislativa quando a Constituição Federal determina a edição da norma, pois não se pode deixar de reconhecer o direito previamente definido pela Constituição, levando-a a se degradar à inadmissível condição subalterna de um estatuto subordinado à vontade ordinária do legislador comum, e, no caso em questão, o tema segue, ainda hoje, sem receber tratamento legislativo minimamente satisfatório para garantir o exercício dessa prerrogativa em consonância com imperativos constitucionais.

No entanto, "historicamente a greve nunca esperou pela lei para realizar-se" (Min. Sepúlveda Pertence, voto *in* MI n. 720), e assim, após longos debates, decidiu o STF, por maioria,[47] aplicar, com efeitos *erga omnes*, a prescrições da Lei n. 7.783 aos servidores públicos, enquanto não sobrevier legislação específica, com a ressalva de que todos os serviços públicos são considerados essenciais (afastando-se, portanto, a lista contida no art. 10, da Lei n. 7.783), cabendo a análise casuística da sua inadiabilidade, a fim de que reste assegurada a continuidade na prestação, cabendo, então, ao juízo competente fixar regime de greve mais severo.

A par disto, determinou-se também que caberá ao juízo competente decidir acerca do mérito do pagamento, ou não, dos dias de paralisação, visto que, em regra, não são devidos visto caracterizar a greve, hipótese de *suspensão* do contrato de trabalho (art. 7º, da Lei n. 7783), salvo quando se tratar greve em razão de atraso no pagamento ou outras situações excepcionais que, a critério do julgador, justifiquem o afastamento de tal premissa.

A determinação de não haver, em princípio, direito ao pagamento dos dias parados, não foi tomada sem dissenso, assentando-se a posição vencedora em ser a greve uma opção de risco, "o qual normalmente há de resolver-se mediante negociação que existirá – não tenhamos dúvida –, haja ou não mecanismos formais para tanto" (Min. Sepúlveda Pertence, voto *in* MI n. 720).

Observe-se, porém, que não é possível negociação coletiva no âmbito do poder público – STF, Súmula n. 679 (*"A fixação de vencimentos dos servidores públicos não pode ser objeto de convenção coletiva"*). No mesmo sentido é a ADI n. 492, rel. Min. Carlos Velloso, j. 12.11.1992:

> Constitucional. Trabalho. Justiça do Trabalho. Competência. Ações dos servidores públicos estatutários. C.F., arts. 37, 39, 40, 41, 42 e 114. Lei n. 8.112, de 1990, art. 240, alíneas "d" e "e". I – Servidores

---

(47) A decisão do Ministro Maurício Corrêa foi no sentido de apenas declarar a mora legislativa. Os Ministros Ricardo Lewandowski, Joaquim Barbosa e Marco Aurélio, limitavam a decisão à categoria representada pelo sindicato e estabeleciam condições específicas (não as da Lei n. 7783) para o exercício das paralisações.

públicos estatutários: direito a negociação coletiva e a ação coletiva frente à Justiça do Trabalho: inconstitucionalidade. Lei n. 8.112/1990, art. 240, alíneas "d" e "e". II – servidores públicos estatutários: incompetência da Justiça do Trabalho para o julgamento dos seus dissídios individuais. Inconstitucionalidade da alínea "e" do art. 240 da Lei n. 8.112/1990. III – Ação Direta de Inconstitucionalidade julgada procedente.

Em face da relevância das decisões, transcrevo abaixo suas ementas:

> **Mandado de injunção. Garantia fundamental (CF, art. 5º, inciso LXXI). Direito de greve dos servidores públicos civis (CF, art. 37, inciso VII). Evolução do tema na jurisprudência do Supremo Tribunal Federal (STF). Definição dos parâmetros de competência constitucional para apreciação no âmbito da Justiça Federal e da Justiça Estadual até a edição da legislação específica pertinente, nos termos do art. 37, VII, da CF. Em observância aos ditames da segurança jurídica e à evolução jurisprudencial na interpretação da omissão legislativa sobre o direito de greve dos servidores públicos civis, fixação do prazo de 60 (sessenta) dias para que o Congresso Nacional legisle sobre a matéria. Mandado de injunção deferido para determinar a aplicação das Leis ns. 7.701/1988 e 7.783/1989. 1. Sinais de evolução da garantia fundamental do mandado de injunção na jurisprudência do Supremo Tribunal Federal (STF).** 1.1. No julgamento do MI n. 107/DF, Rel. Min. Moreira Alves, DJ 21.09.1990, o Plenário do STF consolidou entendimento que conferiu ao mandado de injunção os seguintes elementos operacionais: i) os direitos constitucionalmente garantidos por meio de mandado de injunção apresentam-se como direitos à expedição de um ato normativo, os quais, via de regra, não poderiam ser diretamente satisfeitos por meio de provimento jurisdicional do STF; ii) a decisão judicial que declara a existência de uma omissão inconstitucional constata, igualmente, a mora do órgão ou poder legiferante, insta-o a editar a norma requerida; iii) a omissão inconstitucional tanto pode referir-se a uma omissão total do legislador quanto a uma omissão parcial; iv) a decisão proferida em sede do controle abstrato de normas acerca da existência, ou não, de omissão é dotada de eficácia *erga omnes*, e não apresenta diferença significativa em relação a atos decisórios proferidos no contexto de mandado de injunção; v) o STF possui competência constitucional para, na ação de mandado de injunção, determinar a suspensão de processos administrativos ou judiciais, com o intuito de assegurar ao interessado a possibilidade de ser contemplado por norma mais benéfica, ou que lhe assegure o direito constitucional invocado; v) por fim, esse plexo de poderes institucionais legitima que o STF determine a edição de outras medidas que garantam a posição do impetrante até a oportuna expedição de normas pelo legislador. 1.2. Apesar dos avanços proporcionados por essa construção jurisprudencial inicial, o STF flexibilizou a interpretação constitucional primeiramente fixada para conferir uma compreensão mais abrangente à garantia fundamental do mandado de injunção. A partir de uma série de precedentes, o Tribunal passou a admitir soluções "normativas" para a decisão judicial como alternativa legítima de tornar a proteção judicial efetiva (CF, art. 5º, XXXV). Precedentes: MI n. 283, Rel. Min. Sepúlveda Pertence, DJ 14.11.1991; MI n. 232/RJ, Rel. Min. Moreira Alves, DJ 27.03.1992; MI n. 284, Rel. Min. Marco Aurélio, Red. para o acórdão Min. Celso de Mello, DJ 26.06.1992; MI n. 543/DF, Rel. Min. Octavio Gallotti, DJ 24.05.2002; MI n. 679/DF, Rel. Min. Celso de Mello, DJ 17.12.2002; e MI n. 562/DF, Rel. Min. Ellen Gracie, DJ 20.06.2003. **2. O mandado de injunção e o direito de greve dos servidores públicos civis na jurisprudência do STF.** 2.1. O tema da existência, ou não, de omissão legislativa quanto à definição das possibilidades, condições e limites para o exercício do direito de greve por servidores públicos civis já foi, por diversas vezes, apreciado pelo STF. Em todas as oportunidades, esta Corte firmou o entendimento de que o objeto do mandado de injunção cingir-se-ia à declaração da existência, ou não, de mora legislativa para a edição de norma regulamentadora específica. Precedentes: MI n. 20/DF, Rel. Min. Celso de Mello, DJ 22.11.1996; MI n. 585/TO, Rel. Min. Ilmar Galvão, DJ 2.08.2002; e MI n. 485/MT, Rel. Min. Maurício Corrêa, DJ 23.08.2002. 2.2. Em alguns precedentes (em especial, no voto do Min. Carlos Velloso, proferido no julgamento do MI n. 631/MS, Rel. Min. Ilmar Galvão, DJ 2.8.2002), aventou-se a possibilidade de aplicação aos servidores públicos civis da lei que disciplina os movimentos grevistas no âmbito do setor privado (Lei n. 7.783/1989). **3. Direito de greve dos servidores públicos civis. Hipótese de omissão legislativa inconstitucional. mora judicial, por diversas vezes, declarada pelo plenário do STF. Riscos de consolidação de típica omissão judicial quanto à matéria. A experiência do direito comparado. Legitimidade de adoção de alternativas normativas e institucionais de superação da situação de omissão.** 3.1. A permanência da situação de não-regulamentaçao do direito de greve dos servidores públicos civis contribui para a ampliação da regularidade das instituições de um Estado democrático de Direito (CF, art. 1º). Além de o tema envolver uma série de questões estratégicas e orçamentárias diretamente relacionadas aos serviços públicos, a ausência de parâmetros jurídicos de controle dos abusos cometidos na deflagração desse tipo específico de movimento grevista tem favorecido que o legítimo exercício de direitos constitucionais seja afastado por uma

verdadeira "lei da selva". 3.2. Apesar das modificações implementadas pela Emenda Constitucional n. 19/1998 quanto à modificação da reserva legal de lei complementar para a de lei ordinária específica (CF, art. 37, VII), observa-se que o direito de greve dos servidores públicos civis continua sem receber tratamento legislativo minimamente satisfatório para garantir o exercício dessa prerrogativa em consonância com imperativos constitucionais. 3.3. Tendo em vista as imperiosas balizas jurídico-políticas que demandam a concretização do direito de greve a todos os trabalhadores, o STF não pode se abster de reconhecer que, assim como o controle judicial deve incidir sobre a atividade do legislador, é possível que a Corte Constitucional atue também nos casos de inatividade ou omissão do Legislativo. 3.4. A mora legislativa em questão já foi, por diversas vezes, declarada na ordem constitucional brasileira. Por esse motivo, a permanência dessa situação de ausência de regulamentação do direito de greve dos servidores públicos civis passa a invocar, para si, os riscos de consolidação de uma típica omissão judicial. 3.5. Na experiência do direito comparado (em especial, na Alemanha e na Itália), admite-se que o Poder Judiciário adote medidas normativas como alternativa legítima de superação de omissões inconstitucionais, sem que a proteção judicial efetiva a direitos fundamentais se configure como ofensa ao modelo de separação de poderes (CF, art. 2º). **4. Direito de greve dos servidores públicos civis. Regulamentação da lei de greve dos trabalhadores em geral (Lei n. 7.783/1989). Fixação de parâmetros de controle judicial do exercício do direito de greve pelo legislador infraconstitucional.** 4.1. A disciplina do direito de greve para os trabalhadores em geral, quanto às "atividades essenciais", é especificamente delineada nos arts. 9º a 11 da Lei n. 7.783/1989. Na hipótese de aplicação dessa legislação geral ao caso específico do direito de greve dos servidores públicos, antes de tudo, afigura-se inegável o conflito existente entre as necessidades mínimas de legislação para o exercício do direito de greve dos servidores públicos civis (CF, art. 9º, *caput*, c/c art. 37, VII), de um lado, e o direito a serviços públicos adequados e prestados de forma contínua a todos os cidadãos (CF, art. 9º, § 1º), de outro. Evidentemente, não se outorgaria ao legislador qualquer poder discricionário quanto à edição, ou não, da lei disciplinadora do direito de greve. O legislador poderia adotar um modelo mais ou menos rígido, mais ou menos restritivo do direito de greve no âmbito do serviço público, mas não poderia deixar de reconhecer direito previamente definido pelo texto da Constituição. Considerada a evolução jurisprudencial do tema perante o STF, em sede do mandado de injunção, não se pode atribuir amplamente ao legislador a última palavra acerca da concessão, ou não, do direito de greve dos servidores públicos civis, sob pena de se esvaziar direito fundamental positivado. Tal premissa, contudo, não impede que, futuramente, o legislador infraconstitucional confira novos contornos acerca da adequada configuração da disciplina desse direito constitucional. 4.2 Considerada a omissão legislativa alegada na espécie, seria o caso de se acolher a pretensão, tão-somente no sentido de que se aplique a Lei n. 7.783/1989 enquanto a omissão não for devidamente regulamentada por lei específica para os servidores públicos civis (CF, art. 37, VII). 4.3 Em razão dos imperativos da continuidade dos serviços públicos, contudo, não se pode afastar que, de acordo com as peculiaridades de cada caso concreto e mediante solicitação de entidade ou órgão legítimo, seja facultado ao tribunal competente impor a observância a regime de greve mais severo em razão de tratar-se de "serviços ou atividades essenciais", nos termos do regime fixado pelos arts. 9º a 11 da Lei n. 7.783/1989. Isso ocorre porque não se pode deixar de cogitar dos riscos decorrentes das possibilidades de que a regulação dos serviços públicos que tenham características afins a esses "serviços ou atividades essenciais" seja menos severa que a disciplina dispensada aos serviços privados ditos "essenciais". 4.4. O sistema de judicialização do direito de greve dos servidores públicos civis está aberto para que outras atividades sejam submetidas a idêntico regime. Pela complexidade e variedade dos serviços públicos e atividades estratégicas típicas do Estado, há outros serviços públicos, cuja essencialidade não está contemplada pelo rol dos arts. 9º a 11 da Lei n. 7.783/1989. Para os fins desta decisão, a enunciação do regime fixado pelos arts. 9º a 11 da Lei n. 7.783/1989 é apenas exemplificativa (*numerus apertus*). **5. O processamento e o julgamento de eventuais dissídios de greve que envolvam servidores públicos civis devem obedecer ao modelo de competências e atribuições aplicável aos trabalhadores em geral (celetistas), nos termos da regulamentação da Lei n. 7.783/1989. A aplicação complementar da Lei n. 7.701/1988 visa à judicialização dos conflitos que envolvam os servidores públicos civis no contexto do atendimento de atividades relacionadas a necessidades inadiáveis da comunidade que, se não atendidas, coloquem "em perigo iminente a sobrevivência, a saúde ou a segurança da população" (Lei n. 7.783/1989, parágrafo único, art. 11).** 5.1. Pendência do julgamento de mérito da ADI n. 3.395/DF, Rel. Min. Cezar Peluso, na qual se discute a competência constitucional para a apreciação das "ações oriundas da relação de trabalho, abrangidos os entes de direito público externo e da administração pública direta e indireta da União, dos Estados, do Distrito Federal e dos Municípios" (CF, art. 114, I, na redação conferida pela EC n. 45/2004). 5.2. Diante da singularidade do debate constitucional do direito de greve dos servidores públicos civis, sob pena de injustificada e inadmissível negativa de prestação jurisdicional nos âmbitos federal, estadual e municipal, devem-se fixar também os parâmetros institucionais e constitucionais de definição de competência, provisória e ampliativa, para a apreciação de dissídios de greve instaurados entre o Poder Público e os servidores públicos civis. 5.3. No plano procedimental, afigura-se recomendável aplicar ao caso concreto a disciplina da Lei n. 7.701/1988 (que versa sobre especialização das turmas dos Tribunais do Trabalho em processos coletivos), no que tange à competência para apreciar e julgar eventuais conflitos judiciais referentes à greve de servidores públicos que sejam suscitados até o momento de colmatação legislativa específica da lacuna ora declarada, nos termos do inciso VII do art. 37 da CF. 5.4. A adequação e a necessidade da definição dessas questões de organização e procedimento dizem respeito a elementos de fixação de competência constitucional de modo a assegurar, a um só tempo, a possibilidade e, sobretudo, os limites ao exercício do direito constitucional de greve dos servidores públicos, e a continuidade na prestação dos serviços públicos. Ao adotar essa medida, este Tribunal passa a assegurar o direito de greve constitucionalmente garantido no art. 37, VII, da Constituição Federal, sem desconsiderar a garantia da continuidade de prestação de serviços públicos – um elemento fundamental para a preservação do interesse público em áreas que são extremamente demandadas pela sociedade. **6. Definição dos parâmetros de competência constitucional para apreciação do tema no âmbito da Justiça Federal e da Justiça Estadual até a edição da legislação específica pertinente, nos termos do art. 37, VII, da CF. Fixação do prazo de 60 (sessenta) dias para que o Congresso Nacional legisle sobre a matéria. Mandado de injunção deferido para determinar a aplicação das Leis ns. 7.701/1988 e 7.783/1989.** 6.1. Aplicabilidade aos servidores públicos civis da Lei n. 7.783/1989, sem prejuízo de que, diante do caso concreto e mediante solicitação de entidade ou órgão legítimo, seja facultado ao juízo competente a fixação de regime de greve mais severo, em razão de tratarem de "serviços ou atividades essenciais" (Lei n. 7.783/1989, arts. 9º a 11). 6.2. Nessa extensão do deferimento do mandado de injunção, aplicação da Lei n. 7.701/1988, no que tange à competência para apreciar e julgar eventuais conflitos judiciais referentes à greve de servidores públicos que sejam suscitados até o momento de colmatação legislativa específica da lacuna ora declarada, nos termos do inciso VII do art. 37 da CF. 6.3. Até a devida disciplina legislativa, devem-se definir as situações provisórias de competência constitucional para a apreciação desses dissídios no contexto nacional, regional, estadual e municipal. Assim, nas condições acima especificadas, se a paralisação for de âmbito nacional, ou abranger mais de uma região da justiça federal, ou ainda, compreender mais de uma unidade da federação, a competência para o dissídio de greve será do Superior Tribunal de Justiça (por aplicação analógica do art. 2º, I, "a", da Lei n. 7.701/1988). Ainda no âmbito federal, se a controvérsia estiver adstrita a uma única região da justiça federal, a competência será dos Tribunais Regionais Federais (aplicação analógica do art. 6º da Lei n. 7.701/1988). Para o caso da jurisdição no contexto estadual ou municipal, se a controvérsia estiver adstrita a uma unidade da federação, a competência será do respectivo Tribunal de Justiça (também por aplicação analógica do art. 6º da Lei n. 7.701/1988). As greves de âmbito local ou municipal serão dirimidas pelo Tribunal de Justiça ou Tribunal Regional Federal com jurisdição sobre o local da paralisação, conforme se trate de greve de servidores municipais, estaduais ou federais. 6.4. Considerados os parâmetros acima delineados, a par da competência para o dissídio de greve em si, no qual se discuta a abusividade, ou não, da greve, os referidos tribunais, nos âmbitos de sua jurisdição, serão competentes para decidir acerca do mérito do pagamento, ou não, dos dias de paralisação em consonância com a excepcionalidade de que esse juízo se reveste. Nesse contexto, nos termos do art. 7º da Lei n. 7.783/1989, a deflagração da greve, em princípio, corresponde à suspensão do contrato de trabalho. Como regra geral, portanto, os salários dos dias de paralisação não deverão ser pagos, salvo no caso em que a greve tenha sido provocada justamente por atraso no pagamento aos servidores públicos civis, ou por outras situações excepcionais que justifiquem o afastamento da premissa da suspensão do contrato de trabalho (art. 7º da Lei n. 7.783/1989, *in fine*). 6.5. Os tribunais mencionados também serão competentes para apreciar e julgar medidas cautelares eventualmente incidentes relacionadas ao exercício do direito de greve dos servidores públicos civis, tais como: i) aquelas nas quais se postule a preservação do objeto da querela judicial, qual seja, o percentual mínimo de servidores públicos que deve continuar trabalhando durante o movimento paredista, ou mesmo a proibição de qualquer tipo de paralisação; ii) os interditos possessórios para a desocupação de dependências dos órgãos públicos eventualmente tomados por grevistas; e iii) as demais medidas cautelares que apresentem conexão direta com o dissídio coletivo de greve. 6.6. Em razão da evolução jurisprudencial sobre o tema da interpretação da omissão legislativa do direito de greve dos servidores públicos civis e em respeito aos ditames de segurança jurídica, fixa-se o prazo de 60 (sessenta) dias para que o Congresso Nacional legisle sobre a matéria. 6.7. Mandado de injunção conhecido e, no mérito, deferido para, nos termos acima especificados, determinar a aplicação das Leis ns. 7.701/1988 e 7.783/1989 aos conflitos e às ações judiciais que envolvam a interpretação do direito de greve dos servidores públicos civis.

STF, MI 708, rel. Min. Gilmar Mendes, j. 25.10.2007.

STF, MI 670, rel. Min. Maurício Corrêa, rel. p/ acórdão Min. Gilmar Mendes, j. 25.10.2007.

Mandado de injunção. Art. 5º, LXXI da Constituição do Brasil. Concessão de efetividade à norma veiculada pelo art. 37, inciso VII, da Constituição do Brasil. Legitimidade ativa de entidade sindical. Greve dos trabalhadores em geral [art. 9º da Constituição do Brasil]. Aplicação da Lei Federal n. 7.783/89 à greve no serviço público até que sobrevenha lei regulamentadora. Parâmetros concernentes ao exercício do direito de greve pelos servidores públicos definidos por esta corte. Continuidade do serviço público. Greve no serviço público. Alteração de entendimento anterior quanto à substância do mandado de injunção. Prevalência do interesse social. Insubsistência do argumento segundo o qual dar-se-ia ofensa à independência e harmonia entre os poderes [art. 2º da Constituição do Brasil] e à separação dos poderes [art. 60, § 4º, III, da Constituição do Brasil]. Incumbe ao poder judiciário produzir a norma suficiente para tornar viável o exercício do direito de greve dos servidores públicos, consagrado no art. 37, VII, da Constituição do Brasil. 1. O acesso de entidades de classe à via do mandado de injunção coletivo é processualmente admissível, desde que legalmente constituídas e em funcionamento há pelo menos um ano. 2. A Constituição do Brasil reconhece expressamente possam os servidores públicos civis exercer o direito de greve – art. 37, inciso VII. A Lei n. 7.783/1989 dispõe sobre o exercício do direito de greve dos trabalhadores em geral, afirmado pelo art. 9º da Constituição do Brasil. Ato normativo de início inaplicável aos servidores públicos civis. 3. O preceito veiculado pelo art. 37, inciso VII, da CB/1988 exige a edição de ato normativo que integre sua eficácia. Reclama-se, para fins de plena incidência do preceito, atuação legislativa que dê concreção ao comando positivado no texto da Constituição. 4. Reconhecimento, por esta Corte, em diversas oportunidades, de omissão do Congresso Nacional no que respeita ao dever, que lhe incumbe, de dar concreção ao preceito constitucional. Precedentes. 5. Diante de mora legislativa, cumpre ao Supremo Tribunal Federal decidir no sentido de suprir omissão dessa ordem. Esta Corte não se presta, quando se trate da apreciação de mandados de injunção, a emitir decisões desnutridas de eficácia. 6. A greve, poder de fato, é a arma mais eficaz de que dispõem os trabalhadores visando à conquista de melhores condições de vida. Sua auto-aplicabilidade é inquestionável; trata-se de direito fundamental de caráter instrumental. 7. A Constituição, ao dispor sobre os trabalhadores em geral, não prevê limitação do direito de greve: a eles compete decidir sobre a oportunidade de exercê-lo e sobre os interesses que devam por meio dela defender. Por isso a lei não pode restringi-lo, senão protegê-lo, sendo constitucionalmente admissíveis todos os tipos de greve. 8. Na relação estatutária do emprego público não se manifesta tensão entre trabalho e capital, tal como se realiza no campo da exploração da atividade econômica pelos particulares. Neste, o exercício do poder de fato, a greve, coloca em risco os interesses egoísticos do sujeito detentor de capital – indivíduo ou empresa – que, em face dela, suporta, em tese, potencial ou efetivamente redução de sua capacidade de acumulação de capital. Verifica-se, então, oposição direta entre os interesses dos trabalhadores e os interesses dos capitalistas. Como a greve pode conduzir à diminuição de ganhos do titular de capital, os trabalhadores podem em tese vir a obter, efetiva ou potencialmente, algumas vantagens mercê do seu exercício. O mesmo não se dá na relação estatutária, no âmbito da qual, em tese, aos interesses dos trabalhadores não correspondem, antagonicamente, interesses individuais, senão o interesse social. A greve no serviço público não compromete, diretamente, interesses egoísticos do detentor de capital, mas sim os interesses dos cidadãos que necessitam da prestação do serviço público. 9. A norma veiculada pelo art. 37, VII, da Constituição do Brasil reclama regulamentação, a fim de que seja adequadamente assegurada a coesão social. 10. A regulamentação do exercício do direito de greve pelos servidores públicos há de ser peculiar, mesmo porque "serviços ou atividades essenciais" e "necessidades inadiáveis da coletividade" não se superpõem a "serviços públicos"; e vice-versa. 11. Daí porque não deve ser aplicado ao exercício do direito de greve no âmbito da Administração tão-somente o disposto na Lei n. 7.783/89. A esta Corte impõe-se traçar os parâmetros atinentes a esse exercício. 12. O que deve ser regulado, na hipótese dos autos, é a coerência entre o exercício do direito de greve pelo servidor público e as condições necessárias à coesão e interdependência social, que a prestação continuada dos serviços públicos assegura. 13. O argumento de que a Corte estaria então a legislar – o que se afiguraria inconcebível, por ferir a independência e harmonia entre os poderes [art. 2º da Constituição do Brasil] e a separação dos poderes [art. 60, § 4º, III] – é insubsistente. 14. O Poder Judiciário está vinculado pelo dever-poder de, no mandado de injunção, formular supletivamente a norma regulamentadora de que carece o ordenamento jurídico. 15. No mandado de injunção o Poder Judiciário não define norma de decisão, mas enuncia o texto normativo que faltava para, no caso, tornar viável o exercício do direito de greve dos servidores públicos. 16. Mandado de injunção julgado procedente, para remover o obstáculo decorrente da omissão legislativa e, supletivamente, tornar viável o exercício do direito consagrado no art. 37, VII, da Constituição do Brasil.

STF, MI 712, rel. Min. Eros Grau, j. 25.10.2007

2.5. O estado atual do tema

Os servidores têm direito de livre associação sindical (CF, art. 37, VI) e greve (inciso VII), salvo em relação aos militares (CF, art. 142, § 3º, IV – forças armadas –, e 42, § 1º – no que se refere à polícia militar). Na Reclamação n. 6568-QO, o relator, Min. Eros Grau (j. 12.11.2008), "explicitando o sentido do que foi decidido no MI n. 712", afirmou "a insubsistência do direito de greve no que concerne aos policiais civis, do que resulta sua não aplicação a eles", equiparando-os aos militares, a quem a Constituição veda expressamente a sindicalização greve (art. 142, § 3º, IV)[48] – note-se que no julgamento nada se falou quanto à validade da sindicalização dos policiais civis. "O direito de greve deve guardar nítida compatibilidade com as necessidades do serviço público, dos interesses primários a serem defendidos pela Administração" (LÚCIA VALLE FIGUEIREDO, 2006, p. 631). O direito de greve não pode ser ilimitado ainda que inexista lei que o limite. Assim, entende-se que não se conceberia greve feita pela polícia seja ela civil, militar ou federal, salvo resguardo dos direitos da população, todavia não foi o que ocorreu em 2004, a greve feita por estes agentes foi declarada legal (cf. LÚCIA VALLE FIGUEIREDO, 2006, p. 631).

O STJ vem decidindo, em sede liminar, que o desconto dos dias parados, por afetar diretamente o sustento dos servidores e seus dependentes, é medida que somente pode ser imposta após o julgamento do mérito da ação coletiva (v., por todos, STJ, Pet 7960, rel. Min. Castro Meira, j. 09.08.2010[49]). É de se notar que, na greve dos servidores do Judiciário de 2010, após determinar o corte de ponto, voltaram atrás, em decisões exaradas em recursos administrativos os Tribunais do Trabalho da 2ª e 15ª Regiões (respectivamente: MA n. 70066.2010.000.02.00-6, rel. Sonia Maria Prince Franzini, j. 16.08.2010 e 235/2010, j. 24.06.2010).

O referido Decreto n. 1480/1995 contém viés evidentemente inconstitucional, visto que a sua indiscriminada aplicação, sem levar em conta se há ou não exercício abusivo, implica em ilegítima restrição ao direito de greve.

Assim foi que o STF concluiu (RE n. 693456, rel. min. Dias Tofoli, j. 27.10.2016) que a administração pública deve fazer o corte do ponto dos grevistas – salvo se o movimento grevista tenha sido motivado por conduta ilícita do próprio Poder Público –, admitindo a possibilidade de compensação dos dias parados mediante acordo.

Enquanto não for decidido o dissídio coletivo, não se pode aplicar qualquer punição, seja funcional, administrativa ou financeira – STJ, MC n. 16774, rel. Min. Hamilton Carvalhido, j. 18.05.2010; decisão confirmada em AgR julgado pela 1ª S. em 23.06.2010.

2.6. NORMAS INTERNACIONAIS

Quanto ao estado da questão no direito estrangeiro, fundamental é a pesquisa levada a cabo por Romita (1993, p. 64-65), que transcrevemos a seguir:

> O exame da legislação vigente em diferentes países permite identificar quatro grupos: 1º – países que reconhecem expressamente o direito de greve dos servidores públicos; 2º – países que não estabelecem diferenças alguma entre as greves do setor público e as dos demais setores da economia; 3º – países cuja legislação não contém disposições relativas à licitude ou ilicitude dos movimentos grevistas de servidores públicos; 4º – países que proíbem expressamente a greve dos servidores públicos.
>
> No primeiro grupo, alistam-se os países que consideram legal a greve quando o conflito não é resolvido mediante consultas, negociações ou qualquer outro procedimento existente. Esta é a situação de Alto Volta, Benin, Canadá, Costa do Marfim, Espanha, Finlândia, França, Grécia, Guiné, Madagascar, México, Níger, Noruega, Portugal, Senegal, Suécia, Zaire. O reconhecimento do direito de greve se aplica, em princípio, aos funcionários em geral, mas há certas categorias de servidores aos quais se nega o exercício do direito. Há também restrições fundadas no tipo de conflitos, como por exemplo: na Noruega só é permitida a greve em caso de

---

(48) Entendimento reafirmado no julgamento do ARE n. 654432, rel. p/ acórdão min. Alexandre de Morais, j. 05.04.2017.

(49) Nesse mesmo sentido: "a decisão reclamada, autorizativa do governo fluminense a cortar o ponto e efetuar os descontos dos profissionais da educação estadual, desestimula e desencoraja, ainda que de forma oblíqua, a livre manifestação do direito de greve pelos servidores, verdadeira garantia fundamental" (STF, Reclamação-MC n. 16535, rel. min. Luiz Fux, j. 15.10.2013)

conflito de interesses; na Suécia, só é autorizada a greve que tiver origem em questões que possam constituir objeto de negociação.

No segundo grupo situam-se países que reconhecem o direito de greve de modo geral, embora sujeito a restrições em certos casos, e não existem disposições especiais que neguem esse direito aos servidores públicos. É o que se passa nos seguintes países: Camarões, Gana, Itália, Malásia, Malta, Maurício, Nigéria, Serra Leoa, Singapura e Sri Lanka.

O terceiro grupo é composto por países cuja legislação silencia quanto à legalidade ou ilegalidade do movimento grevista, o que suscita diferentes interpretações. No Tchad, em Israel e no Reino Unido, há reconhecimento tácito do direito de greve. Em contrapartida, a inexistência de disposições legislativas pode ser interpretada como proibição tácita da greve na função pública. É o que ocorre na Alemanha, quanto aos *Beamte* (os *Angestellte* e *Arbeiter*[50] gozam do direito de greve), no Irã, no Paquistão, na Argélia e no Gabão. O mesmo podia dizer-se dos países socialistas antes das transformações operadas em 1989 e 1990, quando a greve passou a ser expressamente autorizada por lei em diversos desses países.

No quarto grupo enfileiram-se os países que expressamente negam aos funcionários públicos o direito de greve. Em certos países, com Quênia, Trinidad e Tobago, Uganda, as proibições se referem aos serviços essenciais. Em outros, há proibição legal especificamente estabelecida para a greve no serviço público. É o sistema vigente nos seguintes países: Austrália, Bolívia, Colômbia, Costa Rica, Chile, Estados Unidos, Filipinas, Guatemala, Honduras, Japão, Coveite [Kuwait], Líbano, Holanda (ferroviários e altos funcionários públicos), Ruanda, Síria, Suíça, Tailândia, Trinidad e Tobago, Venezuela. A proibição assume características de grande rigidez em países latinoamericanos, que a incluem no texto constitucional, como é o caso da Colômbia, Costa Rica, República Dominicana, Guatemala, Honduras, Panamá e Venezuela e era também o caso do Brasil antes de 1988.

Certos países não podem ser classificados em qualquer desses grupos, porque não sendo a matéria prevista em lei, o problema da greve dos servidores públicos continua sendo uma questão bastante controvertida, com opiniões doutrinárias divergentes e decisões judiciais conflitantes. Esta é a situação da Áustria, Bélgica, Dinamarca, Holanda, Uruguai.

Cabe acrescentar, por fim, que o Comitê de Liberdade Sindical da OIT adotou posição de que "o reconhecimento do princípio da liberdade sindical aos funcionários públicos não implica necessariamente o direito de greve" (OIT, 2006, p. 124), cabendo restrições ou mesmo proibições, em relação aos funcionários exercentes de "funções de autoridade", e, também, nos casos em que se tratar de serviços essenciais, definidos como aqueles "cuja interrupção poderia por em perigo a vida, a segurança ou a saúde da pessoa em toda ou parte da população" (2006, p. 124).

3. COMPETÊNCIA LEGISLATIVA

A competência legislativa para tratar de assuntos relacionados ao exercício do direito de greve dos trabalhadores submetidos ao regime privado o exercício do direito de greve é ligado ao Direito do Trabalho e, portanto, de competência exclusiva da União.

Em relação ao servidor público, é assunto não explicitamente tratado no texto constitucional. Porém, trata-se obviamente de matéria relacionado ao Direito Administrativo, e, portanto, regulamentado por leis de cada ente da federação. Tem-se notícia de que o Espírito Santo editou lei regulamentando o tema, Lei n. 7311, de 19.09.2002. Ressalte-se ser de iniciativa privativa do Executivo lei versando sobre abono de faltas e reposição de horas – CF, art. 61, § 1º, II, c.

4. COMPETÊNCIA JUDICIAL

Dispõe o art. 114, II, da CF, que compete à Justiça do Trabalho processar e julgar as ações que envolvam o exercício do direito de greve, o que envolve tanto as ações coletivas (direito coletivo de greve, declarando a abusividade ou não da greve – Súmula n. 189, do TST –, e julgando as ações cautelares propostas com o intuito de manter a continuidade dos serviços nas atividades essenciais), como as individuais, "apresentadas por terceiros prejudicados por movimento paredista, exigindo reparações por prejuízos sofridos até ações propostas por empresas reclamando da conduta abusiva por

---

(50) *Beamte* é o funcionário público, enquanto *Arbeiter* e *Angestellte* são empregados sob regime privado. *Arbeiter* refere-se ao operário e *Angestellte* ao alto-empregado, o *cadre* dos franceses.

piqueteiros, desde litígios entre colegas trabalhadores denunciando agressões físicas ou morais mútuas, até ações de patrões exigindo indenização por instalações, maquinários e equipamentos quebrados durante a greve", inclusive as ações possessórias, bem como as que envolvam pedidos por parte dos trabalhadores de que o empregador se abstenha de praticar condutas antissindicais, com intuito de frustrar o exercício do direito de greve (CARLA ROMAR, 2006, p. 37). No mesmo sentido: Estevão Mallet (in: COUTINHO; FAVA, 2005, p. 76), Otávio Britto Lopes (in: COUTINHO; FAVA, 2005, p. 367-368), Godinho Delgado (2008, p. 199-200).

No caso de conflitos no âmbito da Administração Pública, para Dallari (1990, p. 147), a Constituição, ao permitir a livre associação sindical, não pode deixar de tutelar os conflitos coletivos decorrentes. "Assim sendo, em face da incompetência da Justiça do Trabalho, é forçoso reconhecer a competência da Justiça Federal ou da Justiça Estadual, conforme o caso" para julgar o dissídio coletivo, mas não poderá haver pronúncia sobre condições de trabalho, como vencimentos, pois trata-se de objeto de regulação exclusiva por lei (1990, p. 148).

Antes da regulamentação delineada pelo STF, entendia-se que, tratando-se de greve de servidores municipais em regime estatutário, a competência seria da Justiça Estadual de primeiro grau – STJ, 3ª S., CC n. 13443, rel. Min. Anselmo Santiago, j. 14.02.1996; STJ, 3ª S., CC n. 15192, rel. Min. William Patterson, j. 24.09.1997.

No MI n. 670 (j. 25.10.2007), foi determinada, em caráter provisório, a competência para apreciar os dissídios coletivos instaurados entre a Administração Pública e seus servidores, inclusive as medidas cautelares eventualmente incidentes relacionadas ao exercício do direito de greve dos servidores públicos civis, tais como: i) aquelas nas quais se postule a preservação do objeto da querela judicial (percentual mínimo de servidores públicos que deve continuar trabalhando durante o movimento paredista, ou mesmo a proibição de qualquer tipo de paralisação); ii) os interditos possessórios para a desocupação de dependências dos órgãos públicos eventualmente tomados por grevistas; e iii) as demais medidas cautelares que apresentem conexão direta com o dissídio coletivo de greve.

Aplicam-se, analogicamente, os preceitos da Lei n. 7701/1988, suscitados até o momento de colmatação legislativa específica da lacuna, no contexto nacional, regional, estadual e municipal.

Assim, se a paralisação for de âmbito nacional, ou abranger mais de uma região da Justiça Federal, ou ainda, compreender mais de uma unidade da federação, a competência para o dissídio de greve será do STJ. Ainda no âmbito federal, se a controvérsia estiver adstrita a uma única região da justiça federal, a competência será dos TRFs. Para o caso da jurisdição no contexto estadual ou municipal, se a controvérsia estiver adstrita a uma unidade da federação, a competência será do respectivo Tribunal de Justiça. As greves de âmbito local ou municipal serão dirimidas pelo Tribunal de Justiça ou Tribunal Regional Federal com jurisdição sobre o local da paralisação, conforme se trate de greve de servidores municipais, estaduais ou federais.

Em recente decisão, o STF ampliou ainda mais a competência da Justiça comum Estadual e Federal, em detrimento da Justiça do Trabalho, atribuindo àquelas a competência para julgar as ações de greve dos empregados públicos (i.e., "celetistas") (RE n. 846854, rel. min. Luiz Fux, rel. p/ acórdão min. Alexandre de Moraes, j. 01.08.2017): "A justiça comum, federal ou estadual, é competente para julgar a abusividade de greve de servidores públicos celetistas da Administração pública direta, autarquias e fundações públicas".

Para ajuizar a demanda tem competência a entidade sindical dotada de personalidade e no âmbito de sua representação, dos empregadores, e do Ministério Público para garantir os serviços mínimos nas atividades essenciais ou quando houver interesse público ou em defesa da ordem jurídica.

> Lei de Greve, art. 5º A entidade sindical ou comissão especialmente eleita representará os interesses dos trabalhadores nas negociações ou na Justiça do Trabalho.

O que justifica a intervenção do Estado-juiz para dirimir o conflito e impor a solução às partes envolvidas é o interesse da sociedade prejudicada. Neste caso, o Ministério Público age em nome da sociedade com o objetivo claro de preservar seus direitos, restabelecendo os serviços essenciais pondo fim ao movimento mediante a imposição de uma solução (Otávio Britto Lopes, in: COUTINHO; FAVA, 2005, p. 376; BRITO FILHO, 2009, p. 241).

Outrossim, quem não participou da negociação não tem legitimidade para propor ação relativa à greve, neste caso, cautelar pedindo declaração de legalidade do movimento paredista (STJ, MC 1401, rel. Min. Maria Thereza de Assis Moura, j. 08.05.2008).

5. REFERÊNCIAS BIBLIOGRÁFICAS

AGRA, Walber de Moura. *Curso de direito constitucional*. 6. ed. Rio de Janeiro: Forense, 2010.

AMARAL, Antônio Carlos Cintra do. *Conceito de serviço público*. São Paulo: CEALC, 01.02.2002. Disponível em: <http://www.celc.com.br/comentarios/65.html>. Acesso em: 2 set. 2010.

BANDEIRA DE MELLO, Celso Antônio. *Regime constitucional dos servidores da administração direta e indireta*. 2. ed. São Paulo: RT, 1991.

BONAVIDES, Paulo; MIRANDA, Jorge; AGRA, Walber de Moura (Coord.). *Comentários à Constituição Federal de 1988*. Rio de Janeiro: Forense, 2009.

BRITO FILHO, José Cláudio Monteiro. *Direito sindical*. 3. ed. São Paulo: LTr, 2009.

CARVALHO, Augusto Cesar Leite de. *Direito do Trabalho*. Aracajú: Evocati, 2011.

COUTINHO, Grijalbo Fernandes; FAVA, Marcos Neves (Coord.). *Justiça do Trabalho*: competência ampliada. São Paulo: LTr, 2005.

DALLARI, Adilson de Abreu. *Regime constitucional dos servidores públicos*. 2. ed. São Paulo: RT, 1990.

DELGADO, Maurício Godinho. *Direito coletivo do trabalho*. 3. ed. São Paulo: LTr, 2008.

FIGUEIREDO, Lúcia Valle. *Curso de direito administrativo*. 8. ed. São Paulo: Malheiros, 2006.

GERNIGON, Bernard; ODERO, Alberto; GUIDO, Horacio. *Principios de la OIT sobre el derecho de huelga*. Genebra: Oficina Internacional del Trabajo, 2000.

HINZ, Henrique Macedo. *Direito coletivo do trabalho*. São Paulo: Saraiva, 2005.

MEDAUAR, Odette. *Direito administrativo moderno*. 12. ed. São Paulo: RT, 2008.

MEIRELLES, Hely Lopes. *Direito municipal brasileiro*. 15. ed. São Paulo: Malheiros, 2007.

NASCIMENTO, Amauri Mascaro. *Compêndio de direito sindical*. 6. ed. São Paulo: LTr, 2009.

ORGANIZAÇÃO INTERNACIONAL DO TRABALHO (OIT). *Libertad sindical*. 5. ed. Genebra: Oficina Internacional del Trabajo, 2006.

ROMAR, Carla Teresa Martins *et alii*. *Competência da Justiça do Trabalho e EC n. 45/2004*. São Paulo: Atlas, 2006.

ROMITA, Arion Sayão. *Regime jurídico dos servidores públicos civis*. São Paulo: LTr, 1993.

SILVA, José Afonso. *Curso de direito constitucional positivo*. 28. ed. São Paulo: Malheiros, 2006.

_____. *Comentário contextual à constituição*. 6. ed. São Paulo: Malheiros, 2009.

SOUTO MAIOR, Jorge Luiz; CORREIA, Marcus Orione Gonçalves (Org.). *Curso de direito do trabalho*. São Paulo: LTr, 2008. v. III.

WESTFALL, David; THÜSING, Gregor. Strikes and lockouts in Germany and under federal legislation in the United States: a comparative analysis. *Boston College International and Comparative Law Review*, v. 22, n. 1, p. 29-75, dez. 1999.

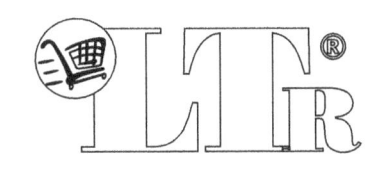

LOJA VIRTUAL
www.ltr.com.br

E-BOOKS
www.ltr.com.br

Produção Gráfica e Editoração Eletrônica: LINOTEC
Projeto de Capa: FABIO GIGLIO
Impressão: BOK2